WILEY

养老金管理的未来

综合设计、治理与投资

The Future of Pension Management

Integrating Design, Governance, and Investing

【加】安集思 / 著

养老金管理翻译小组 / 译

中国发展出版社
CHINA DEVELOPMENT PRESS

图书在版编目（CIP）数据

养老金管理的未来：综合设计、治理与投资 /（加）安集思著；养老金管理翻译小组译．—北京：中国发展出版社，2017.10

ISBN 978-7-5177-0655-7

Ⅰ．①养… Ⅱ．①安… ②养… Ⅲ．①退休金—资金管理 Ⅳ．① F241.34

中国版本图书馆 CIP 数据核字（2017）第 033693 号

著作权合同登记号：图字 01-2017-3515

书　　　名：养老金管理的未来：综合设计、治理与投资

著作责任者：[加]安集思

出 版 发 行：中国发展出版社

（北京市西城区百万庄大街 16 号 8 层　100037）

标 准 书 号：ISBN 978-7-5177-0655-7

经　销　者：各地新华书店

印　刷　者：三河市东方印刷有限公司

开　　　本：710mm × 1000mm　1/16

印　　　张：17.5

字　　　数：218 千字

版　　　次：2017 年 10 月第 1 版

印　　　次：2017 年 10 月第 1 次印刷

定　　　价：50.00 元

联 系 电 话：（010）88919581　68990692

购 书 热 线：（010）68990682　68990686

网 络 订 购：http://zgfzcbs. tmall. com//

网 购 电 话：（010）88333349　68990639

本 社 网 址：http://www.develpress. com. cn

电 子 邮 件：370118561@qq. com

养老金管理翻译小组

组　长

魏加宁　国务院发展研究中心

校　对

董克用　中国人民大学　养老金融50人论坛

翻译分工

第1～2章　李　娜

第3～9章　赵　聪

第10～14章　肖　莅

第15～19章　李建华

第20～24章　陈懿冰

第25～26章　郗　方　李　娜

第27章　郗　方　陈懿冰

Contents 目录

完善养老保险制度　优化养老金投资 …… 1
养老基金长期主义投资的理论与实践 …… 7
序言 …… 23

第一部分　试金石

第 1 章　改进的养老金设计与机构：通往更具功能的资本主义的入口 …… 3
在伦敦的“入门”演讲 …… 3
准备工作 …… 4
应对资本主义的 21 世纪挑战 …… 5
可持续的养老金方案 …… 6
有效的养老金机构 …… 8
开辟第二战场 …… 9
愿景 …… 11

第 2 章　覆盖大众的养老金计划：好主意还是白日梦？ …… 12
逐渐逼近的退休储蓄挑战 …… 12
美国的退休基金措施 …… 12
个别州会否引导风向？ …… 14

加拿大的养老金改革历程 …… 15
英国养老金历程 …… 17
对美国和加拿大的借鉴意义 …… 18

第 3 章　机构投资有发展前景吗？ …… 20

在东京的讨论 …… 20
主动投资的成本 …… 21
从养老金领域获得的新证据 …… 22
机构应该如何投资？ …… 23
从理论到实践：安大略教师退休金计划的案例 …… 25
“完美的”投资机构及投资成本 …… 26
前景展望 …… 28

第 4 章　托马斯·皮凯蒂的《21 世纪资本论》：与养老金管理的关联 …… 29

皮凯蒂现象 …… 29
R>G 不等式 …… 30
影响财富集中的法则 …… 31
R 的故事是什么？ …… 32
养老金在全球格局中有多重要？ …… 34
皮凯蒂的贡献 …… 36

第二部分　养老金设计

第 5 章　为什么要转变养老金改革问题的讨论方向 …… 39

发生在华盛顿的关于养老金的争论 …… 39

关于养老金改革的一本新书 …… 40
转变养老金改革问题的讨论方向 …… 41
一个符合目标的养老金公式 …… 42
代际公平 …… 43
未来何去何从 …… 44
转变讨论的方向 …… 46

第 6 章 待遇确定型养老金计划的支出和积累：分清事实与假象 ……48

我们需要与众不同的观点 …… 48
完整的养老金合约 …… 49
不完整的养老金合约 …… 50
无风险套利测试 …… 50
PERS 的案例 …… 52
解决 PERS 的资产负债表问题 …… 53
进一步的思考 …… 55

第 7 章 什么是期望确定型养老金计划：从一次国际研讨会上得到的结论 ……57

在鹿特丹举行的一场国际研讨会 …… 57
解决充足性 – 负担能力 – 安全性难题 …… 58
设计 21 世纪的期望确定型养老金计划 …… 59
QSuper 的故事 …… 60
PFZW-PGGM 的故事 …… 61
展望未来：21 世纪的三个挑战 …… 62

第 8 章 什么是目标待遇确定型养老金计划，为什么要关注这一计划？ ……64

为什么要关注目标待遇确定型计划 …… 64

我们讨论的“待遇确定”是什么？ …………………… 64
为待遇确定融资 …………………………………… 65
目标待遇确定型计划中的“目标”是什么意思？ … 66
珍妮特和约翰该怎么办？ ………………………… 66
答案一：在单个/多个雇主情况下，风险共担的目标待遇确定型计划 …………………………………… 67
答案二：商业解决方案 …………………………… 68
答案三：政府的作为 ……………………………… 69
那么目标待遇确定型计划究竟是什么？ ………… 70

第 9 章　设计 21 世纪的养老金计划：我们在进步 ……………………71

21 世纪的养老金设计 …………………………… 71
高历史回报率的幻景 ……………………………… 72
对积累与投资政策以及养老金计划设计的启示 …… 73
反思投资风险共担机制 …………………………… 74
重新思考长寿风险共担机制 ……………………… 75
更新丁伯根的养老金模型及其应用 ……………… 76

第三部分　养老金治理

第 10 章　当前养老基金治理效果如何？——最新调查结果 ……………………81

关于治理的一项最新调查 ………………………… 81
关于养老金治理的早期研究成果 ………………… 82
了解养老金的治理漏洞 …………………………… 83

行动建议 …………………………………………… 86
对 2014 年调查及受访者的描述 ………………………… 87
2014 年调查关于治理的发现 …………………………… 88
来自受访者有关治理的更多见解 ……………………… 91
理事会成员构成及技能 ……………………………… 92
理事会流程 ………………………………………… 92
薪酬 ………………………………………………… 93
治理相关的主要问题依旧存在 ……………………… 93

第 11 章　受托责任内涵的演变：
您的理事会是否已跟上形势？ ……………94

养老金理事会在诠释 21 世纪的受托责任方面行动滞后 94
为什么是现在？ …………………………………… 95
在养老金机构层面的回应 ………………………… 97
在国家及全球层面的共同回应 …………………… 99
做正确的事 ……………………………………… 100

第 12 章　养老金机构及综合报告：
改善与利益相关者的沟通 ……………… 101

综合报告（IR）倡议 ……………………………… 101
新的国际综合报告框架——指导原则 …………… 102
新的国际综合报告框架——要素 ………………… 103
南非哨兵山矿业退休基金 ………………………… 104
理论与实践 ……………………………………… 105
下一步的三种可能 ………………………………… 106

第 13 章　养老金机构成本效益评估：
新视角 ……………………………………… 109

定义成功 ………………………………………… 109

成本效益评估 …………………………………… 110

第 14 章　私募市场投资的成本效益评估：为什么投资者需要一个标准规则 ……… 116

对养老基金的警示 ………………………………… 116
私募市场投资的成本效益评估：回顾 ………… 117
成本效益评估：从回顾到展望 ………………… 118
CEM 关于评估标准化的倡议 ………………… 119
何去何从？ ……………………………………… 121

第 15 章　养老基金如何支付投资人员薪酬 ……… 123

一项关于养老金投资薪酬支付实践的独特研究 …… 123
四个方面的研究 ………………………………… 124
基金特征 ………………………………………… 125
资产配置和组织结构 …………………………… 127
薪酬制度和约束 ………………………………… 128
薪酬体系实践 …………………………………… 129
投资业绩比较的实践 …………………………… 135
从调查结果中得到的四点启示 ………………… 136
寻找高薪酬的驱动因素 ………………………… 138
五个结论性观察结果 …………………………… 141

第 16 章　投资理念与组织设计：两者在您的组织内是否一致？ ………………………… 143

近期的一次理事会对话 ………………………… 143
投资理念 ………………………………………… 144
双目标 - 双工具 ………………………………… 145
管理回报追求组合 ……………………………… 146
管理支付安全投资组合 ………………………… 148

对机构的启示 …………………………………… 149
理事会的困境 …………………………………… 149

第 17 章 挪威、耶鲁还是加拿大？投资模式的比较 ………………… 151

加拿大的呼唤 …………………………………… 151
一个有意义的比较 ……………………………… 152
投资模式的竞争 ………………………………… 153
组织模式的竞争 ………………………………… 154
哪种基金模式会赢？ …………………………… 155
挪威基金未来的最佳出路 ……………………… 157
挪威应该尝试加拿大模式吗？ ………………… 158

第 18 章 养老金机构的企业文化重要吗？ ……… 160

解决文化问题 …………………………………… 160
坏文化，坏结果 ………………………………… 161
好文化，好结果 ………………………………… 163
一个生物学框架 ………………………………… 165
养老金机构的文化问题 ………………………… 166

第四部分 养老金投资

第 19 章 投资回报是可预测的吗？ ……………… 171

协调投资理论与实践 …………………………… 171
关于回报可预测的论点 ………………………… 172
罗的适应性市场假说 …………………………… 173

凯恩斯的“选美比赛”式投资者 …………………… 174
阿克洛夫的“柠檬”理论 ………………………… 175
德鲁克的信托投资机构 ………………………… 175
安集思的回报预测历程 ………………………… 176
回到起始问题 …………………………………… 177

第 20 章　21 世纪的投资收益………………… 178

对投资理念的反思 ……………………………… 178
资本主义成熟阶段的常规总结 ………………… 180
财富悖论 ………………………………………… 181
标准普尔 500 指数：进一步审视 ……………… 183
合理的定价 ……………………………………… 185

第 21 章　将长期投资作为主流投资模式：……… 186
仍有较大进步空间 ………………… 186

走向长期投资？ ………………………………… 186
长期主义案例 …………………………………… 187
机构调查 ………………………………………… 189
关于长期投资的调查结论 ……………………… 191

第 22 章　长期投资 1：从知到行 ……………… 193

聚焦资本的长期表现倡议 ……………………… 193
在五大核心领域重新定位资产组合的策略和管理 … 194
投资理念 ………………………………………… 195
风险偏好说明 …………………………………… 196
基准制定过程 …………………………………… 197
评估与激励 ……………………………………… 198
投资指引 ………………………………………… 199
从知到行 ………………………………………… 199

第 23 章　长期投资 2：如何评价业绩？ ………… 201

长期投资：衡量业绩 …………………………………… 201
合理的进展标志 ………………………………………… 201
评估被投资机构的健康和效率状况 ………………… 202
将产生投资收益作为绩效指标 ……………………… 204
基金的整体收益仍然重要 …………………………… 206

第 24 章　长期投资 3：会产生更好的结果吗？ … 208

更好的结果？ …………………………………………… 208
企业可持续性研究设计 ……………………………… 209
联合利华案例分析 …………………………………… 211
对于养老金机构的启示 ……………………………… 213

第 25 章　阿尔法和贝塔是废话吗？ …………… 215

操作上有意义的定理 ………………………………… 215
应用和发展投资组合理论 …………………………… 216
将德鲁克“看不见的革命”变得可见 ……………… 216
回报追求型和支付安全型投资计划的关键特征 …… 218
科学投资模式的精髓 ………………………………… 219
适用与不适用的地方 ………………………………… 221
阿尔法和贝塔是废话吗？ …………………………… 222

第 26 章　风险管理的重新审视 ………………… 223

现代组合理论需要修改吗，还是我们对它的运用
需要调整？ ……………………………………………… 223
现代组合理论的观点 ………………………………… 224
从理论到实践：现代组合理论有多大帮助？ ……… 225
尽可能简单，但不要太简单 ………………………… 226

哪些人面临风险 …………………………………… 227
我们的风险敞口是什么？ ……………………………… 229
重要的战略建议与执行 ………………………………… 229

第27章　从未知到已知：气候变化风险管理 …… 231

对风险进行分类 …………………………………… 231
风险与养老金管理 ………………………………… 232
美世的气候变化研究 ……………………………… 233
因此怎么样？现在怎么办？ …………………………… 235
重新审视风险管理 ………………………………… 236

总　结 ………………………………………………………238

完善养老保险制度　优化养老金投资

社会保障是现代经济社会运行的“安全网”“调节阀”和“减震器”。党的十八届三中全会提出建立更加公平可持续的社会保障制度。其中，养老保险涉及数以十亿计的人民群众切身利益，是社会保障制度改革、完善的重中之重。习近平总书记明确指出，“深化养老保险制度改革至关重要。要做好顶层设计，确保制度的公平性和财务的可持续性”。为此，我们必须认真总结已有实践经验，充分借鉴国际经验教训，科学分析未来经济社会发展变化趋势，加强顶层设计，明确发展目标、重点任务和实施步骤，坚定不移、循序渐进地加以推进。

安集思（Keith Ambachtsheer）教授的这部《养老金管理的未来》，从2008年之后欧美国家养老保险制度体系的改革与更新入手，横剖纵析，首先分析了这些国家覆盖大众的养老金计划之得失，并基于《21世纪资本论》对财富分配的探讨，阐述了养老金对于全球可持续发展的重要意义；随后描述了各国在制度设计上从待遇确定型（DB）、缴费确定型（DC）的泾渭分明格局向“中间地带”迁徙的进程，如荷兰正把传统的待遇确定型计划改造为期望确定型（DA）计划，而澳大利亚正把传统的缴费确定型计划改造为目标福利确定型（TB）

计划；继而梳理了养老金治理的最新态势，包括如何履行受托责任、强化信息披露、开展成本效益评估以及支付投资人员薪酬等；最后作者基于全球养老金投资实践，倡议从长期视角对养老金投资表现进行评估，指出4个关键点：一是重新对机构投资者的投资组合策略和管理进行定位，二是通过参与治理与积极的股东管理来释放价值，三是促进投资者与企业之间的沟通对话，四是将关注重点转移到支持长期战略和可持续发展上来。全书关于养老体系顶层设计、机构治理以及长期主动投资的理论探讨与实证检验，对于我国正在进行中的养老保障体系完善和养老金机构投资改革，具有较强的借鉴意义。

2008年以来，我国采取了一系列重大措施来应对国际金融危机造成的冲击及提出的新挑战。就养老保险领域而言，推出了一系列新举措：2011年启动城镇居民养老保险制度试点，并与此前已经开展的农村试点同步推进，2012年覆盖到全国各地；2013年着手进行养老保险制度改革顶层设计研究，形成了一个系列方案，正在渐进地逐项推进；2014年把城镇居民养老保险与新农保两个制度合并，形成了统一的城乡居民基本养老保险制度，同职工基本养老保险制度一起，共同构成了我国养老保险两个基本制度平台；2014年底又开始实施机关事业单位养老保险制度改革，随之建立职业年金制度，目前已进展到全面落实阶段；2015年国家确定基本养老保险基金结余资金进行市场化、多元化的投资运营；2016年统一全国城镇职工基本养老保险个人账户记账利率，并统一调整机关和企事业单位退休人员基本养老金待遇水平。

上述强有力的政策措施，逐步优化了我国的养老保险制度体系。一是覆盖面进一步扩大。2016年底已覆盖8.9亿城乡居民、职工以及退休人员，其中领取待遇者2.5亿人，形成世界上规模最大的养老保障计划。二是基金结存迅速增加。2016年底全国基本养老保险基金累计结存4.4万亿，其中城镇职工制度3.86万亿，城乡居民制度0.54万亿；第二支柱企业年金基金结存1.1万亿，职业年金也在形成了上千亿的基金规模，加上作为战略储备的全国社保基金2万亿，总结存规模超过7.5万亿，占2016年GDP的10%，对比2010年时仅占2.4%，积累的速度还是很快的。

但与此同时，养老保险制度可持续发展的压力也在凸显。基本养老保险收入增速从2012年起已连续几年低于支出增速，换句话说，支出增长的刚性更加明显，而收入增长的空间则呈收窄之势。可以预见，未来这方面的矛盾将更加突出。考虑到人口老龄化高峰的迫近，养老保险基金收支缺口将是未来几十年我国财政可持续面临的最大挑战。故而，各方有识之士建议加强顶层设计，优化制度结构，完善养老金投资及其监管体系，以进一步夯实制度运行的基础，归纳起来，以下三方面是完善制度体系的重要着力点．

其一，持续扩大覆盖面。尽管养老保险大规模扩张的高潮期已过，但通过扩大参保缴费群体来改善抚养比仍是现阶段缓解人口结构矛盾的基础性手段。按照“十三五”规划设定的覆盖90%适龄人口的目标，基本养老保险应覆盖9.45亿人口，即未来几年时间还有继续扩大覆盖五千多万人口任务。这些人中相当一部分呈现灵活就业、自主创业的状态，给传统以单位就业为主要对象的社会保险管理模式提出了新要求。在安集思教授这本书里，我们看到世界其他国家，政府也在有针对性地积极推动扩大养老金覆盖面，如英国凭借其全国就业储蓄信托（NEST）行动引领灵活就业者参保，美国和加拿大正在推进提升非正规就业工作场所养老金覆盖率的战略规划。我国正在普遍实施的全民参保计划，意在让非正规就业人员也能参与到养老保险计划中来，既为制度的可持续贡献力量，也为其个人的老年生活提供保障。

其二，着力发展二、三支柱。客观地说，当前我国的养老保险体系是第一支柱一支独大，第二支柱发展滞缓，第三支柱几乎可以忽略不计。这种“偏重”结构应对尽早优化。可以选择的策略是，适当降低第一支柱社会保险费率，给二、三支柱的发展留出空间。从抗风险和稳定性来讲，三足鼎立总好过独木支撑。事实上，机关事业单位养老保险制度改革中的职业年金已有了类似的设计，且是一种强制性安排，当然在对各类事业单位工作人员的广泛覆盖上还需更多的后续政策激励。企业年金经过多年发展，已有一定规模，但覆盖人群只有0.23亿，覆盖比例仅为2.43%，也需要相应举措助力其发展。这方面，安集思教授书中提到的英国、加拿大等补充养老计划的自动登记机制，包含了更多的选择权，对个人参与是一种鼓励，这样的设计或值得我们借鉴和探索。

其三，调整完善养老金投资及其监管体系。我一向主张养老金投资不应诸业态分割，而要朝着专营化方向发展。优秀的养老金机构，专注从事养老金投资，更有利于养老金的保值增值。安集思教授在书中一再强调全球30万亿美元的养老金作为不可多得的代际理性投资者，对于经济转型和社会稳定的重要意义。我对此深有同感。养老金投资不同于其他投资，它格外追求长期、稳健，以养老保障为基本目的，因而不能任由市场短期化、投机性、炒作式操作，聚焦养老金的长期表现、增进全社会财富创造，是个中应有之义。未来，伴随我国三支柱、多层次养老保险体系的发展、专营机构的兴起以及金融市场和养老金投资产品、领域向纵深拓展，养老金投资监管资源配置和监管能力建设必须跟上，完善监管法律法规体系、建立专业主导的监管机构、强化行业自律也需提上议事日程。

国务院发展研究中心魏加宁教授领衔的翻译团队，将安集思教授这部专著译成中文，我以为是我国养老保障领域专业研究者、工作者的福音，期待它山之石，攻我之玉，激发出各方贤哲更丰富的想象、更多彩的思想、更精巧的设计，最终使十多亿中国人民从中获得增进福祉的收益。

当然，金无足赤，书无尽言。安集思教授的论述毕竟根植于发达国家经济体，考量的重点是其制度的可持续性。对我国改革养老保险制度、完善治理体系、优化投资结构而言，本书不大可能起到“即插即用”的功效。所以，还是遵循鲁迅先生讲的那个“拿来主义”，立足中国基本国情，以满足人民群众日益增长的物质与文化需求为根本出发点，同时以开放包容的心态借鉴他国经验和知识，兼收并蓄，为我所用，去粗取精，去伪存真，尊重实践，勇于创新，创造出中国特色社会保障体系的新经验，为中国特色社会主义事业添一份力、增一份彩。

中国社会保险学会会长

胡晓义

养老基金长期主义投资的理论与实践

李娜同志找到我说，国务院发展研究中心的魏加宁老师领衔翻译了著名加拿大养老金专家安集思（Keith P.Ambachtsheer，又译基思·安巴克希尔）教授的大作《养老金管理的未来：综合设计、治理与投资》，让我写个序。我之所以非常愉快地答应写这个序，除魏加宁老师是我非常尊敬的大学者以外，还因为：

——2017年2月份我领衔翻译的一本关于加拿大养老金改革的书正式出版[①]，对加拿大养老金改革有一定了解，也做了一点研究，对加拿大改革的模式非常感兴趣。写序就要读原著，可以促使我再“挤出”时间仔细研读这本书，能多了解一些加拿大改革的情况。1997年实施的“加拿大养老金计划”（下简称“CPP”）改革最吸引人的地方有两个，一是将传统的“DB型现收现付制”改为“DB型部分积累制”，这是一个几乎没有现成经验的伟大创新，20年的实践证明，其可持续性、公平性（尤其代际公平性）都获得了极大成功；一是创设了一个非常成功的投资公司即“加拿大养老基金投资公司”（下简称“CPPIB”），20年的运行结果证明，它也是非常成功的，几乎成为

---

① 布鲁斯·利特尔（Bruce Little）：《拯救未来：加拿大养老金“1997改革”纪实》，郑秉文等译，张笑丽校译，中国劳动社会保障出版社2017年版。

业界人士常挂在嘴边的一个最佳案例。我对前者做了较为深入的研究，论文即将发表[①]，但限于篇幅的原因，对后者的研究没有顾得上，很遗憾，为此还特意提了一句“笔者对该公司的分析将另文专述”。因为安集思教授的新书《养老金管理的未来：综合设计、治理与投资》涉及了 CPPIB 及其投资改革的问题，写序的过程中在某种程度上可以弥补这个遗憾。

——安集思教授十分多产，著述颇多，是我心目的中的一位大家，仔细研读他的新作，是了解目前养老基金投资领域的最新前沿的一个绝好机会。安集思教授是世界一流的养老金专家，头衔很多，享誉养老金业界几十年，目前是多伦多大学罗德曼管理学院的金融系兼职教授及其国际养老金管理中心名誉主任，墨尔本 - 美世全球养老金指数（Melbourne-Mercer Global Pension Index）顾问委员会、CFA 协会（CFA Institute）未来金融顾问委员会以及乔治城大学退休计划中心（Georgetown University Center for Retirement Initiatives）学者委员会的委员，曾被《养老金与投资》杂志（Pensions & Investments）提名为“前 30 位创造奇迹者”，被 aiCIO 杂志提名为“全球第一位机构投资的知识经纪人”和“机构投资领域前 10 大最有影响力的学者”，被《机构投资者》杂志（Institutional Investor）提名为“排名前 40 的养老金专家”，被《欧洲养老金与投资》杂志（Investments & Pensions Europe）与网站提名为“行业杰出贡献者”。此外，他还获得了美国雇员福利调查研究所（American Employee Benefits Research Institute）的 Lilywhite 奖以及全球 CFA 协会的“Professional Excellence”奖和“James Vertin”奖。

——安集思教授为我领衔翻译的《拯救未来：加拿大养老金“1997

① “加拿大养老金‘DB型部分积累制’新范式20年回望与评估——降低养老保险费率的一个创举”，载于《经济社会体制比较》杂志（双月刊），2017年第6期。

改革”纪实》曾撰写了原版的“序言二：来自加拿大的一个真实教训”；在今年出版中文版时，他又专门写了“附录：2008 年以来 CPP 的最新发展”（因为英文版是 2007 年出版的），对 2008~2017 年 CPP 改革的最新发展动态、CPPIB 实际运行的情况、对未来 CPP 和 CPPIB 面临的新挑战等做了不可或缺的重要补遗。本来，在 2017 年 2 月 20 日我们社科院世界社保研究中心与加拿大大使馆和 CPPIB 联合举办的发布式上，安集思教授原打算是要来参加并发表演讲的，但就这个时候，他的计划突然又做了改变，因为他将于今年 10 月来华，参加《养老金管理的未来：综合设计、治理与投资》的发布式于是，2 月 20 日举行的《拯救未来：加拿大养老金“1997 改革”纪实》发布式他就只好割爱了。很巧，现在这本书就摆在我的案头，我岂有不先睹为快并“先写为快”的道理？这也是一个缘分！

基于上述三个原因，我愉快地接受了这个邀请，借撰写序言的机会，抒发一下对世界养老金改革趋势的不成熟的看法，介绍一些拜读和学习这部大家名著的心得体会。

在过去的十多年里，世界主要发达国家养老金改革出现了三个趋势。

第一个趋势是将雇主举办的职工“自愿加入”的养老金通过立法改为“自动参加”，最为典型的事件是美国 2006 年立法通过的《2006 养老金保护法案》（Pension Protection Act of 2006）和 2008 年英国立法通过的《2008 养老金法案》(Pensions Act 2008)，这两个国家发生的这两个事件使其养老金参与人数和覆盖面迅速扩大，促进养老基金的规模也迅速扩大，并正成为自 1880 年代企业养老金诞生以来最大的一次改革。其中，英国的国家干预是一揽子的，决心也比较大，于 2010 年建立了一个非营利的庞大的独立受托人“国家职业储蓄信托公司”（下简称“NEST”），旨在全面配合“自动加入”，包括提供稳定、有效和低价的个人账户缴费、投资与交易平台，作为覆盖全国的“一站式”服务的大型养老金管理公司，NEST 提供几乎全部免费的服务，包括提供默认投资工具（“默认基金”和“另类基金”）。

第二个趋势是在传统的“待遇确定型”（defined benefit，下简称“DB 型”）和“缴费确定型”（defined contribution，下简称“DC 型”）的基础上，创新诞生了“期望确定型”（Defined Ambition，下简称“DA 型”），这是一个介于 DB 型和 DC 型之间的崭新的第三条道路。DB 型养老金已有将近一个半世纪的历史，DC 型则出现在 20 世纪 70 年代以后，流行于 80 年代和 90 年代，进入 21 世纪以来蔚然成风，发达国家纷纷放弃 DB 并奔向 DC，甚至欧盟等重要区域性一体化组织还制订了一些鼓励 DC 和抑制 DB 的措施。DB 和 DC 的制度特征各有千秋[①]，DB 型的重要特征是，风险主要由雇主承担，待遇稳定且较高，但企业压力大，不利于劳动力流动，企业破产后养老金负担“外溢”，转嫁给国家或社会，而 DC 型的特征正好相反。为适应全球化浪潮中资本与劳动力要素快速流动（尤其是跨地域甚至跨国界的流动）等外部环境的变迁，DB 逐渐式微，DC 开始崛起，尤其在美国，401（k）的普及使 DC 趋之若骛。为了平衡 DB 与 DC 之间的优势和劣势，在进入 21 世纪的第二个 10 年之后，欧洲一些国家率先创设了 DA 型养老金，其形式有多种，但主要以采取“集合 DC”（Collective Defined Contribution，下简称 CDC) 的面貌出现，其主要特征是资产集合为一个统一资产池，退休金从该资产池中提供支付，投资由企业

---

① 可见郑秉文的如下几篇文章：“企业年金知识介绍系列之三：何谓DB 与DC”，载于《中国证券报》，2005 年10 月21 日第B04 版；“企业年金知识介绍系列之四：为什么我国采取DC模式”，载于《中国证券报》，2005年10月25日第B04版；“中国企业年金何去何从——从《养老保险管理办法（草案）》谈起”，载于《中国人口科学》，2006年第2期，等等。

统一实施，收益率可跨年平滑等，从而使雇员的投资风险和给付风险大大降低，雇主的压力也大大减轻。除英国 2015 年通过立法决心普及 DA 型之外，荷兰、丹麦等欧洲国家也已开始实施。在北美，DA 型养老金被称之为“目标待遇确定型”（target benefit pension plans，简称“TB”），目前，只有加拿大的新不伦瑞克省通过了企业主可以提供这个新型养老金的立法。

第三个趋势是养老基金投资的“长期主义”（Movement toward long-termism）和“主动投资”（active investing）的趋势，代之以曾广为流行的“短期投资”（short-term investing）和“被动管理”（passive management）。“长期主义”和“主动投资”的倡导者、推动者和实践者就是安集思教授。可以说，安集思教授在这部新书《养老金管理的未来：综合设计、治理与投资》里将大量笔墨泼在了对长期主义和主动主义的论述上，围绕养老金投资长期主义这个主题，将主动主义策略的论述推向了新高潮。早在多年前，安集思教授就对此很有兴趣，发表了大量著述，我为译著《拯救未来：加拿大养老金“1997 改革”纪实》写的“跋”和即将发表的论文《加拿大养老金“DB 型部分积累制”新范式 20 年回望与评估》中引用了安集思教授的一些著述[①]。

在呈现给大家案头的《养老金管理的未来：综合设计、治理与投资》里，安集思教授对三个趋势做了不同程度的论述。魏加宁老师和李娜同志邀我主要对该著作大量论述的第三个趋势即长期主义和主动管理做一些阐发。

---

① 例如，Keith Ambachtsheer, J., R. Fuller, and D. Hindocha. 2013. Behaving Like an Owner: Plugging Investment Chain Leakages, in Rotman International Journal of PensionManagement 6 (2): 18 – 27; 再如，Keith Ambachtsheer, An Open Letter to Andrew Coyne in Response to His May 18, 2016 National Post Column: CPP Board Can’t Escape Blame for Fund’s Bloated State, in Policy Paper, KPA Advisory Services Ltd. May 26, 2016，等等。

1. 凯恩斯的“选美比赛”式的短期投资：至今普遍流行的原因

早在1936年凯恩斯出版的被誉为拯救了资本主义世界的巨著《就业、利息与货币通论》（下简称“通论”）中就将短期投资不利于获取理想资产价格回报做了深入分析[①]。他最开始曾将其称为“叫停”（game of snap）的纸牌游戏，又将其比喻为“击鼓传花”（old maid），还将其比喻为“抢椅子”（music chair）。他在这些比喻中说，这些消遣性的游戏都有个共同的特点，那就是谁能在音乐结束时把东西递给邻座或占到一个座位，谁就是胜利者。参加游戏者都明白，东西传来传去，大家走来走去，一旦音乐结束，必有人失败，“裸沪者”必将暴露，不可能所有人都是胜利者。在证券市场上，这些投机型的投资者并不关心对某一投资品在其整个生命周期中收益的预测，不关心未来若干年的收益，而只是关注3个月或1年后短期的市价有何变化。这种羊群效应的从众心理是典型的“流动性崇拜”。他们唯一关心的是斗智斗勇、先声夺人，把坏东西尽快传递出去，把椅子留给自己，获胜者就是最高明的投资者。

接着，凯恩斯又非常形象地将短期证券市场投资者的这种投机行为比喻为参加“选美比赛”。他说，如果报纸上公布100张照片，参加这个竞赛的投资者需选出其中最美的6张，选举的规则是得票最高的6张照片当选，谁能选中这6张照片谁就可以获奖。在这种情况下，每个投资者选择的不是他自己认为最美的6张，而是为了能获胜，他要选择别人或普遍认为最美的6张，于是，他就需要猜测，结果就是每个参加“选美比赛”的投资者都不选他自己认为最美的6张照片，

---

① [英]约翰·梅纳德·凯恩斯：《就业、利息和货币通论》（重译本），汉译世界学术名著丛书，商务印书馆2014年版，第十二章。

投机性的结果使市场结果大不一样，因为大家都不做真正的长期预测和价值投资，都想快速致富，都想先发制人。反而，如果有的投资者实力雄厚，不在乎市场短期波动，完全是为了消遣，却有可能获得较大报酬。这说明，从事长期投资的人最有利于促进社会利益的发展。安集思教授认为，凯恩斯发表这部巨著80年了，但是，短期交易游戏的行为还是那么盛行，机构投资者的长期财富创造力还是那么少见，证券市场的投资行为还是没有什么根本变化，大部分投资者关注的还是证券市场的短期价格变化，在本质上讲，他们还停留在凯恩斯所比喻的"选美比赛"投资者的那个阶段。

安集思教授认为，凯恩斯比喻的"选美比赛"式投资者的关注的是证券市场短期价格变化，这样的"选美比赛"的市场投资结果是典型的零和博弈，因为投资者参与博弈的目标是猜测短暂时期内（如只有6个月）市场上哪只股票会被视为表现最佳的股票，所以，在"选美比赛"的市场模式中，投资者参与的是一个连续的零和博弈，实际上，扣除交易和管理成本之后就成为负和博弈，因为大多数人在零和博弈的证券市场上结果都是"付多得少"，但遗憾的是，大多数人永远也看不透这一点。在凯恩斯那里，预期回报提供的是无风险替代品的收益加上所需的风险溢价，这时，追求回报的理性投资者才会出价购买现金流。如果投资目标是财富的长期增值保值行为，投资的初始收益率（初始收益与价格比率）、预期增长率（实际收益率加通货膨胀率）和现金流随时间推移的可持续性就变得最重要了。投资期限越长，任何时点现金流变化对市场价格的影响就越小，于是，短期资本利得或损失就变得不太重要，而长期可持续现金流就变得更重要了。由此看来，长期投资是对所有利益相关方在长期都是有利。但是，现实是残酷的，安集思教授在本书中观察到了一个十分普遍的现象：虽然长期投资者有利于促进公众利益，但在实际中却受到的批评最多；投资者如果在短期内不能获得成功，他们是不会得到怜悯的；世俗的压力和潜在的规则常常告诉人们：以常规的方式失败比以非常规的方式获胜对声誉更为有利。

多年来，安集思教授一直在呼吁改变投资理念，呼唤回归长期主义，深挖长期主义投资的思想基础。

2. 长期主义的理论探索：三角形的逻辑

在安集思教授的眼里，长期主义理念的确立是创造社会财富和国民福祉的一个基础，它来自《牛津英文大词典》的重要启发。《牛津英文大词典》的表示是“将事务的一般性知识运用到具体的环境与问题之中”的逻辑思维，从一般到具体就是从短期主义到长期主义的表现。安集思教授认为，没有长期主义，人们就有可能始终生活在我们祖先所处的物质社会之中，就会依旧挣扎在饥饿的边缘，依然面对今天假定能够生产的产品与明天储存一部分种子、工具和棚户的两难选择。因此，“长期主义”的投资理念能够创造社会财富和国民福祉。短期投资不是广泛的“理性预期”的标准，而长期主义是一个极大的飞跃性发展，即大型养老基金的个人行为和集体行为希望它将投资转变为更具财富创造功能的一个过程，将负责任的长期主义理念渗透在投资决策的基础之中。演绎逻辑和文明历史支持这样一个假设：长期主义是有意义的，但需要智慧与前瞻，需要负责任的长期主义。

所谓证券市场投资的长期主义，可从这样五个方面来理解。首先，它是指投资者将储蓄转化为产生财富的资本同时给予投资者回报的参与过程；长期主义既不意味着以牺牲其他交易者利益获取资本利得为目的，也不意味着以“选美比赛”的交易动机参加证券市场的投资为目的；其次，长期主义也不意味着短期投资完全不重要，因为，养老金领取者每周、每月都会存在，确保他们的领取要求和满足他们的生存需要，这是养老基金投资的一个重要目标。因此，安集思教授认为，养老基金不仅应该有一个长期回报目标，而且还要有个短期的确定性支付目标。这就涉及投资组合与投资期限的匹配问题；第三，长期主义更不意味着可以忽视基金的整体收益即资本价值变动的收益，他们之间好比马和马车的关系，换言之，长期主义的关键点还在于要正确理解收入创造（马）一定要放置于资本价值（马车）之前，是马驱动马车即投资收益流驱动资本价值，而不是让马车驱马！第四，在理念上一定要彻底认识到，长期主义的优势要远远大于“选美比赛”式的短期投资主义的优势，因为长期主义的收益流无论在数量上，还是在质量上都要大大好于后者，长期主义者能比大部分参与交易博弈的短期主义者获得更高的经过风险调整后的净收益，这虽是一个“假设”，但却被越来越多的案例所证实。第五，在实践上一定懂得，当我们将长期主义置于现实之中，当长期主义逐渐从理论走向实践，就须及时转变对绩效评估的标准，这就意味着须将马与马车逐渐分离开来，意指将收入创造与资本价值分离开来，就是说，在实际操作中，“管理”是十分重要的，要高度重视“管理”的问题，只有理想的“管理”才能实现长期主义的理想，否则，长期主义只是一句空话。

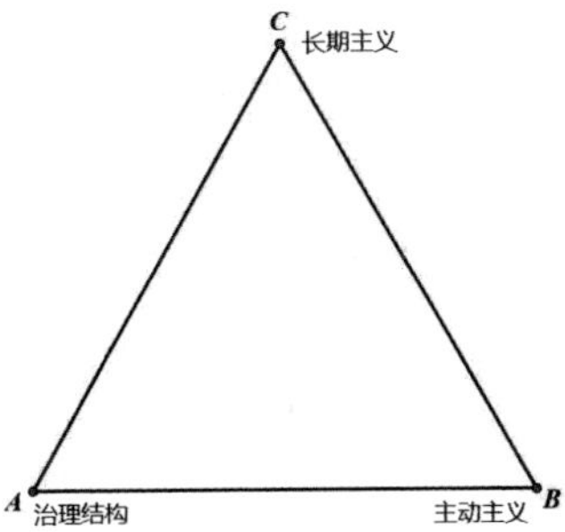

图 1　长期主义三角形

那么，什么是理想的“管理”？答案只有两个，那就是，作为机构投资者，要具备良好的治理结构，还要采取主动管理的投资策略。或说，治理结构和主动主义是长期主义的“两条腿”，没有这“两条腿”就难以支撑起长期主义的实施。还可这样打个比喻：长期主义是一个等边“三角形”的顶角，它下面两个底角分别是治理结构与主动主义。

至于治理结构，安集思教授在本书里做了较多的论述，甚至对其他几个国家养老基金的治理结构也做了分析。安集思给出的一个很有启发的分析框架是“澳大利亚超级年金受托人研究所”（AIST）展示的资料，给出一个很好的案例分析是“南非哨兵山矿业退休基金”，并且在给出的“国际综合报告理事会”（IIRC）资料里介绍了养老基金的评价框架，在其报告框架的7个要素里可看到专门有一个要素，即养老基金的治理结构是如何支持其创造价值的，还包括养老基金机构的成本效益评估。“南非哨兵山矿业退休基金”的报告六个部分对治理结构的评估也非常有启发，尤其对改善和加强与利益相关者的沟通等。此外，本书对人员薪酬结构、资产配置、组织结构、投资业绩考评、财务绩效等都做了非常详尽和十分专业的论述，很有价值。更宝贵的是，安集思教授在第10章、第21章和第24章里对治理结构的质量与长期主义的有效性的分析非常有启发，其问卷设计、资料数据、分析结构尤其对联合利华案例的分析结论等都是十分宝贵的，其中养老金采用长期利益相关者价值创造模式的五个评价步骤极具参考价值，这五个方面分别是养老金计划的设计、与利益相关者的沟通、委员会的有效性、组织设计和投资理念、合作策略。总之，安集思教授十分看重养老基金的治理结构对实施长期主义的影响，认为没有一个良好的治理结构就没有可能实施长期主义的基本条件，例如，对养老基金“使命”的定位一定要清晰，这是构建治理结构的一个出发点。

关于主动主义，安集思教授的政策主张十分明确。采取“主动主义”投资策略是实行“长期主义”投资理念的必然条件，也可称之为必然结果。“主动主义”即“主动管理”是相对于“被动主义”和“被动管理”而言的。对长期养老基金实施被动管理是划不来的，是以指数化收益beta为主要相关结果的，而不可能获得alpha。只有使投资组合更加“主动”一些、“进取”一些，才有可能出现alpha，或获得的alpha更多一些，进而使风险收益最大化、“机会成本”最小化。所谓主动主义，其投资战略的本质是将“个人退休储蓄”转变为“财富创造资本”（wealth-producing capital）。但这是一个长期的过程，在这个过程中，储蓄转变为资本只有在长期主义理念指导下实施主动主义的策略才有可能实现。主动主义意味着严谨、有纪律和主动出击的投资管理方式，以期获得跑赢市场指数的被动投资效果。与短期主义相比，在转向长期主义之后，在不同经济体，量化测算的结果也是不同的。例如，加拿大的年投资收益率可额外获得150个bp的业绩，即1.5%[①]，这显然是以成熟的发达经济体背景下对大型养老基金转型之后的测算结果，对经济高速成长的一些新兴经济体为背景来说只是一个参考。关于实施主动主义的理由，安集思教授在本书中的主要论据还包括：

——对三大洲37家养老基金进行问卷调查，其结果是，在问到主动管理与被动管理时，有27家采取了积极主动的策略，包括公开与私募投资及其内包与外包投资等；

——对挪威政府养老基金（GPFG）和加拿大安大略教师退休计划（OTPP）的两个模式进行了比较，发现在7个评估指标中，采取

① Keith Ambachtsheer, J., R. Fuller, and D. Hindocha. 2013. Behaving Like an Owner: Plugging Investment Chain Leakages, in Rotman International Journal of PensionManagement 6 (2): 18 – 27.

被动管理的挪威模式几乎均不如实行主动管理的加拿大模式，最具代表性的指标是净超额收益，挪威模式仅为0.16%，而加拿大模式则1.60%；

——对长期主义20年的预测给出了一个简单算术，即被动管理中，用100美元投资2%的债券，20年后本息合计仅有150美元，而主动管理中投资于7%回报率的蓝筹股权，20年后增加到400美元，这充分说明，“长期主义＋主动主义”的多元化股息流可以跑赢“通货膨胀保护＋适度的实际增长预期”，可以最终承受未来20~30年退休生活标准的实际需要；

——甚至将主动主义视为一种企业文化，并使用超越“经济人”这个经济学概念，代之以生物学的分析框架来看待企业文化问题，认为领导力、团队组成、环境这三个指标来衡量什么是好文化和坏文化，由此积极推动诸如对公开市场和私募市场是否进行主动管理的大讨论。

3. 安集思倡导的长期主义运用于实践的成功案例：CPPIB

从理论推演上讲，极力主张采取主动主义代之以被动主义，是基于诸多理论支撑的。例如，安集思教授不太同意用有效市场假说和金融不稳定假说来预测市场，而是更加欣赏适应性市场假说，他以第一次世界大战后资本市场发展的八个阶段为例，认为投资者对每一个阶段的悲观与乐观的看法往往是不一样的，就像对2010~2011年的“双泡沫”时期是否已经结束的看法不一样那样，有人是悲观的，有人却乐观。安集思教授认为，目前已进入“资本主义成熟阶段”，对这个阶段的看法是乐观的。再例如，安集思教授认为，在目前“资本主义成熟阶段”，导致未来悲观的四个因素（人口老龄化、财政赤字、地缘政治风险、气候变化等环境风险）反映在类似股票这样的长期金融资产的定价上不是一成不变的。我们至少还应看到另外四个因素：科学理性主义（技术进步）、财产权的保护、有效的资本市场、现代化通信和交通运输技术的提高，认为后四个因素可以部分对冲前四个因素，因此，对目前的“成熟资本主义阶段”不应过于悲观。

从现实世界看，目前存在着三种投资风格可供选择：凯恩斯“选美比赛”式的投机主义、“搭便车”式的被动主义和将储蓄转化为生产资本的主动主义。安集思教授的学术思想显而易见：远离投机主义，放弃被动主义，拥抱主动主义。当学者的学术思想转化为政策主张时，它有可能推动一场变革。本书中安集思教授较多地介绍了加拿大安大略教师退休计划（OTPP）实施长期主义和主动主义的情况，但对业内广泛瞩目甚至被称之为改革典范的“加拿大养老基金公司”（CPPIB）几乎未提。我对此稍熟悉一些，介绍如下。

1997 年强制性基本养老保险制度“加拿大养老金计划”实施了改革，其主要举措有三：快速缴费、降低待遇水平、利用快速缴费积累建立 CPPIB。CPP 的治理结构在经过一年多的辩论之后几乎完全采纳了安集思教授的设想，将 CPPIB 建设成一个长期授权明确、规模足够大、管理完善且独立于政府的投资公司，其基本特征是设计了一个独立的法律结构和董事会成员选举过程，旨在保证 CPPIB 的董事会既可与政府保持一定距离，以保持独立决策，免受任何形式的政治影响。当时，这种治理模式已经成为 CPPIB 的重要优势，不仅在国内建立起公众信心，而且在国际上形成了政治信任。

在采取主动投资还是被动投资管理这个问题上，安集思教授与时任 CPP 总精算师马尔科姆·汉密尔顿（Malcolm Hamilton）发生了严重冲突：汉密尔顿主张被动管理，其理由是以低成本获得市场收益，但安集思教授则支持主动管理，认为采取结构合理的整体性主动管理策略能产生令人满意的净回报，且主动管理也可采取很多形式，例如，既可在公开市场上实行短期交易策略，也可在私人市场上实行关注长期价值创造的策略。与此相反，被动管理意味着建立全面化的、公开交易的指数证券组合以实现长期投资目标，随着时间推移只持有这类证券组合。这两种管理方式明显的区别在于其实施成本。主动管理比被动管理需要更多的成本。这样，只有在预计基金投资净收益会超过增加的管理成本时，主动管理才具有合理性。最终，联邦政府作出的决定是先采取被动方式的管理，在条件允许的情况下可选择转向主动管理方式。

随着资产的不断增加、管理自信心的上涨和管理能力的提升，CPPIB 董事会和管理层越来越清楚地认识到，投资要使人们有能力主动将退休储蓄转变成创造财富的资本。于是，2006 年，加拿大认为转向主动管理的条件具备了，包括资产达到了一定规模即 600 亿加元；再如，取消了 30% 投资于外国资产的限制性规定；CPPIB 董事会授权公司新任 CEO 戴维·邓尼森（David Denison）开启该公司的“下一个发展阶段”。

2006 年 CPPIB 向主动主义转型之后在国际上引起了极大的关注，2012 年 10 月哈佛商学院为此开展了一项题为“CPP 案例研究”[①]，它详细描述了 CPPIB 当时的状况，例如，全球前 10 大养老基金资产池之一；多伦多办公室雇员数 792 个；伦敦办公室 44 个；中国香港办公室 30 个；独一无二的“总投资组合方法”，系统优化整个资产组合的风险 - 收益比；“参考投资组合”作为衡量主动的“总投资组合方法”成功与否的基准；所有投资项目（尤其是私人市场投资项目）

① Lerner、Rhodes-Kropf、Burbank (2013)：“The Canada Pension Plan Investment Board, October 2012”，Harvard Business School。这项案例研究将《经济学人》杂志一篇名为“Maple Revolutionaries”的文章作为全球对养老基金管理的“加拿大模式”表示认可的例子。这种模式首次出现在1987年罗恩特别工作小组。该模式是1990年建立安大略省教师养老金计划以及之后建立其他加拿大养老基金公司（包括CPPIB）的基础。

进行有效的内包；企业文化和薪酬体系使其有能力与私人部门争夺高级投资人才。

表 1　　1998~2915 年 CPPIB 收益率与资产规模　　（%，亿加元）

年	收益率	基金规模	年	收益率	基金规模
1998	10.9	365	2007	2.7	1228
1999	1.7	428	2008	−14.2	1112
2000	9.9	475	2009	7.6	1268
2001	6.2	526	2010	8.9	1425
2002	0.3	561	2011	5.4	1551
2003	11.1	677	2012	9.7	1751
2004	8.9	787	2013	13.2	2040
2005	13.2	943	2014	15.2	2415
2006	14.4	1136	2015	15.6	2854

资料来源：Office of the Chief Actuary, 27th Actuarial Report on the Canada Pension Plan as at 31 December 2015, Office of the Superintendent of Financial Institutions Canada, published by 22 September 2016, p.30, Table 10。

在 CPPIB 成立的 20 年时间里，前 10 年实行的是被动管理，后 10 年主动管理。从投资收益率上看，CPP 从被动管理升级为主动管理后，收益水平高了不少。

20 年来，CPPIB 被誉为养老金领域的一颗冉冉升起的明星。在这方面，安集思教授功不可没。

以上是我对过去 10 年来主要发达国家养老基金改革的趋势和拜读学习这本新著的体会，挂一漏万。是为序。

中国社科院世界社保研究中心主任

郑秉文

2017 年 9 月 23 日

Preface 序言

曾以为养老金管理的第三本书——2007年出版的《养老金革命》，会是我的最后一本书。感谢比尔·法伦（Bill falloon）和他的同事，改变了我的想法。他们的做法是在特许金融分析师协会（CFA Institute）2015法兰克福年会上重点推荐《养老金革命》一书。让我惊奇的是，与会者竟然排队购买一本8年前出版的《养老金设计、管理与投资革命》。

演进中的养老金革命

过去8年，养老金领域发生了很多事，其中一些在我2007年那本书中已有所预见，有些则没能被洞察。在养老金方案方面，传统的待遇确定型（defined benefit，DB）和缴费确定型（defined contribution，DC）模式正趋向于混合，于是有了一些新的名词，比如"期望确定型"（defined ambition，DA）和"目标待遇确定型"（target benefit，TB）。荷兰和澳大利亚是此类变化的典型例子。荷兰正把传统的固定福利计划改造为固定期望计划，而澳大利亚正把传统的固定缴费计划改造为目标福利计划。与此同时，在政府的积极推动下，一些国家的养老金覆盖面有所扩大。英国凭借其全国就业储蓄信托（National Employment Savings Trust，NEST）行动引领先河，美国和加拿大正在推进有关提升工作场所养老金覆盖率的战略设计。

在养老金治理的前沿领域，综合协调理事会既要具备代表性又须有战略意义这两个近乎相悖的需求，相关工作正持续朝正确的方向推进。人们逐渐认识到，这不是一个“要么这样，要么那样”的问题，而是如何把这两个要素都植入理事会构成的问题。为何两者均不可或缺呢？因为养老金理事会既需要有接收委托的合法地位，又需要具备为其利益相关者创造物有所值成果的战略能力。这种战略性的思维方式，解决诸如组织设计、文化、投资理念、激励机制以及利益攸关方沟通与关系这样棘手的问题。这些治理要求的背后，是更宽泛的机构自主权问题。非必要的法律限制正日益被视为养老金机构经济效益的破坏力量。

养老金投资也已有所好转，从郑重地重新审视投资理念开始。越来越多的证据表明，全球养老金领域的领导层开始意识到他们的工作将由退休储蓄转变成了创造财富的资本。这里有若干因素起作用。一是好的投资回报越来越难以获得这一朴素现实。二是对短期主动投资“零和”本质的逐渐认知。另一因素则是逻辑和实证上的证据都支持，长期主动管理应该且确实能比被动或短期主动管理产生更高的长期回报。不过，知易行难。对于很多养老金机构而言，愿望与实际执行之间还有相当大的差距需要弥补。

三个“非理性”的人

法兰克福会议那一刻，我意识到过去8年养老金设计、治理和投资上的重要革命进展，应该用一种连贯完整的方式记录下来，而我，完全有条件做这项工作。不过，我并非是单干。很多必要的洞察与灵感将来自三个“非理性”的人，如同萧伯纳指出的一样（“……所有的进步都得靠这些非理性的人”）。

荷兰诺贝尔奖获得者筒·丁伯根（Jan Tinbergern）的双目标－双工具原则为养老金设计领域存在已久的支付能力与安全性困境提供了解决方案。有效实现双重目标需要两样工具，而不只是一样。现代管理理论与实践之父彼得·德鲁克（Peter Drucker）认为，养老金机构应豁免治理有效性规范的约束。无效治理将给养老金机构的利益相关方带来糟糕后果。20世纪最有影响力的经济学家约翰·梅纳德·凯恩斯（John Maynard Keynes）已对不起作用的短期“选美比赛”式投资和创造财富的长期投资过程加以明确区分。然而颇具讽刺意味的是，很多理事会继续选择前者，而非后者。你们会在本书的27个章节多次读到这三位“非理性”的人及他们的思想。

还应提到其他几位“非理性”的人，他们对本书阐述的内容有思想的补益，也有实践中的贡献。诺贝尔奖获得者乔治·阿克洛夫（George Akerlof）有关“不对称信息”的深刻认识以及诺贝尔奖获得者罗伯特·莫顿（Robert Merton）和保罗·萨缪尔森（Paul Samuelson）阐明的个人金融生命周期理论，显著影响了我对养老金体系和组织方案的思考。多伦多大学罗特曼管理学院前院长罗杰·马丁（Roger Martin）在相反理念的一体化思考和创造性解决方案方面的著作，也对本书的结构整合与内容定调有不可或缺的作用。

更多的人以这样或那样的方式对本书有所贡献，包括同事、客户、家人和朋友，感谢你们所有人。这里我只说两个人的名字——我的妻子与合伙人——维吉尼亚·阿特金（Virginia Atkin），再次给予我写作的灵感与鼓励，同时又确保了我不沉浸其中。我的编辑克里斯蒂娜·V娴熟地指导，将本书由初稿提升到如今的终稿。

安集思（Keith Ambachtsheer）

2016年1月于加拿大多伦多

第一部分

试金石

字面意：用于试验贵金属质量的石头；

隐喻意：评估一个主张或观点的价值或功德的测试。

——改编自《牛津英语词典》

第 1 章

改进的养老金设计与机构：通往更具功能的资本主义的入口

随着现时普遍的所有权与经营权分离，随着有组织投资市场的发展，一个重要的新因素已介入，有时使得投资更为便利，有时却增加了经济体系的不稳定性……

本来以为，专家之间的竞争，能矫正无知者自己参与所导致的市场变化多端。可事实恰好是，他们的精力与才干，主要用在别的方面，大部分致力于提前很短的时间预测传统估值的变化……

如果华尔街的衡量标准是作为一个机构，它的正当社会目的在于，用未来收益引导新投资进入利润最丰的领域，那么华尔街的成功，不能算作自由放任式资本主义的辉煌胜利。假如我的看法是对的，华尔街最聪明的头脑，事实上已志不在此，而是另有所图了。

——约翰·梅纳德·凯恩斯

《就业利息与货币通论》（1936 年）第 12 章

在伦敦的“入门”演讲

不久前，我应英国股票行动（Share Action）组织之邀在议会大厦演讲。正好借这个机会，用凯恩斯的见解来比较假冒的与真正起作用的资本主义，用彼得·德鲁克的观点来思考退休储蓄在影响资本主义格局中扮演的特殊角色，用简·丁伯根的认识来调整 21 世纪背景下的养老金目标与工具。这些观点指向一个关键的结论，超过 30 万亿美元的养老金部门，是目前为止按照信托责任开展代际投资的最大投资者群体。因此，它是主要的机构投资者群体，有着明确的动机。用凯恩斯的话说就是“用未来收益引导新投资进入利润最丰的领域”。

我称这次演讲为“入门”演讲，承认了当前资本主义的发展面临很大阻力，反映出的问题如人口老龄化、增长的自然极限、泡沫和金融危机、日益扩大的贫富差距以及公司管理层与所有者利益持续一致的挑战等。此外，传统的固定福利和固定缴费方案，都削弱了我们希望养老金能起的代际理性投资者的作用。薄弱的治理和组织架构又进一步妨碍了这些基金发挥上述作用。

当然也有好消息，那就是无须再去发明更好的养老金方案或更强的组织架构了。逻辑论证和研究分析已有了发现，而且，他们已经在实践中不同程度的存在。我们共同的挑战是应加快推动这些更好的做法，让其在全球范围内得到广泛应用。这是德鲁克称为有效领导力的问题。

准备工作

入门讲演有四个部分：

1. 资本主义 400 年历史速览。

2. 21 世纪资本主义所面临挑战的快速评估。

3. 应对挑战，养老金应该且可以发挥的作用。

4. 推动养老金大规模切实执行。

资本主义是一种经济制度，生产资料归个人所有，通常在竞争性市场上运营，以获取利润。许多人认为成立于 1602 年的荷兰东印度公司是最早的现代公司的雏形。它具备某些关键特征，比如股东承担有限责任，能在股票交易所买卖其股票。但直到 19 世纪的工业革命，资本主义才成为主导性的经济制度，延续至今。

起初，它的主要所有者不是机构，而是有影响力的个人，比如卡耐基（Carnegie）、洛克菲勒（Rockefeller）、范德比尔特（Vanderbilt）、福特（Ford）和摩根（JP Morgan）等。随着他们的离世，经历苦痛的一战、大萧条、第二次世界大战和欧洲铁幕的拉起，我们目睹了“机构资本主义”的诞生，保险公司、共同基金和养老金成为生产资料占主导地位的所有者。

在为今天这一版的资本主义做疾病诊断并讨论可能的药方之前，我们应细想一下，从 18 世纪大体的农业社会到现今发达国家的后工业社会，资本主义在这一非凡转型中所起的核心作用。仅作为这个非凡转型的一个指标，公元 1000 年到 1800 年，全球 7 个世纪里的人均 GDP 约增长 50%，对比 19 ~ 20 世纪，发达国家的人均 GDP 增长了 20 倍（2000%），同时还显著减少了人们的工作时间，消灭了对儿童和老人的强制劳动[①]。

应对资本主义的 21 世纪挑战

然而，随着 21 世纪的来临，我们中的大多数人痛苦地意识到资本主义正面临多重不利因素。例如：

- 持续的经济增长受到自然因素的限制，比如碳排放、污染、水的消耗和粮食生产。
- 人口老龄化以及发达国家非常有限的经济增长前景。
- 集体的选民、个体的家庭单位，都选择靠举债来提升公共服务和私人生活水平，而不是当期税收与收入。

---

① 资本主义演进的更多细节，参见威廉·伯恩斯坦（William Bernstein）的文章“财富悖论”，载于《金融分析师期刊》，2013年9 ~ 10月刊。

✧ 日益频繁的泡沫和金融市场危机。

✧ 不断扩大的社会贫富差距，无论是感知到的还是现实中的。

✧ 公司管理层与所有者之间持续的利益协调的挑战[①]。

我们面临的问题是掌控全球 30 多万亿美元的养老金部门该如何作为？从而能既改善上述一些不利因素，又不影响其实现保障数以亿计受益人退休收入安全的使命。

相信我们有能力推动资本主义沿着与今日之“不利”资本主义相比创造更多财富、更可持续、陷入危机的可能性更低且更合理的方向发展。为什么特别突出养老基金呢？因为他们是全球唯一负有信托责任开展代际投资的投资者主体。制定投资战略时，公平对待当代养老金领取人以及那些离退休还有三四十年甚至五十年的青年员工的财务需求，不偏不倚，这是养老基金的职责所在。

然而，要向养老基金资本主义转型并非易事，主要有两方面原因：

它要求重新设计养老金体系，以便体系本身更具可持续和代际公平性。

它要求重新设计养老金机构，以使它们更起作用，进而成为更富成效的养老储蓄管理者，兼顾青年人和老年人。

这两个前提条件不可或缺，且须付出艰苦努力才能实现。

可持续的养老金方案

传统的缴费确定型和待遇确定型计划方案都有问题。

① 延森（Jensen）和梅克林（Meckling）的文章“公司理论：管理行为，代理成本与所有权结构”（《金融经济学期刊》1976年7月）理论上解决了这个问题。他们预言市场体系会自然驱使机构与个人开展监督和控制活动，“这些机构和个人在开展此类活动时具有比较优势”。观察发现，此类监督与控制活动并不会“自然”产生。他们需经由投资者慎重的集体行动，有意识地部署到位。

传统的缴费确定型计划要求参与人必须做出缴费率与投资决策，即便他们没有能力或并不愿意这么做，而退休后资产提取阶段的方案很少有人考虑。结果是，缴费确定型计划的投资没有重点，退休后的财务成果已经且将持续具有高度的不确定性。这就提出了一个根本性的问题：这种个人主义色彩浓厚的养老金模式的有效性和可持续性究竟怎么样？

传统的待遇确定型计划把青年人和老年人归集在一张资产负债表上，不切实际地认为他们有着同样的风险容忍度，认为两个群体产权清晰。这些不合实际的假定带来了严重后果。过去十年，激进的回报设定和风险承担，与下降的资产价格、下跌的利率和恶化的人口结构一起，已给很多待遇确定型计划的资产负债表捅出了巨大的窟窿。不着边际的反应也有多种，从一极的完全消除风险，到另一极的致力于承担更多风险。

幸运的是，人们日益认识到这些传统缴费确定型和待遇确定型方案的缺陷，认识到它们已经带来以及在未来还将继续给参与人带来的问题，也开始认识到必须采取哪些举措以解决上述设计缺陷。

荷兰经济学家简·丁伯根因为其政策目标必须与政策工具匹配的主张，获得了首届诺贝尔经济学奖。他的这一主张在养老金体系的设计上有直接的应用。养老金体系有两重目标：

1. 员工（以及他们的雇主）的负担能力。

2. 养老金支付的安全。

因此，计划参与人需要两种工具：一是一个长期的收益积累工具，支持负担能力目标；二是一个资产负债匹配工具，支持支付安全目标。

逻辑上讲，青年员工应赞成使用第一种工具，而退休人员会赞成使用第二种。在他们的职业生涯中，计划参与人应逐步从第一种转变到第二种。采用这种透明又强有力的“双目标－双工具”养老金模式，仍存在相当大的阻力。一些人出于感性而非理性的原因，继续捍卫传统的待遇确定型模式；另外一些人则继续捍卫传统待遇确定型计划买者自负的理念，因为他们从中获利。

总结关于养老金方案的这些评论，我要明确指出，双目标－双工具的设计特征对于养老金重塑资本主义的能力至关重要。如果没有高度聚焦、妥善管理、积累长期收益工具的存在及其合法地位，养老基金不可能发挥我们为其设定的长期理性代际投资者的作用。

有效的养老金机构

以上这样的投资工具，是由养老金部门引领、向更具功能的资本主义转型的一个必要条件。然而，光有这一条件还不够，其他的条件也是必需的。我们还必须拥有能有效建造和管理这两样执行工具的养老金机构。幸运的是，我们知道这样的养老金机构是什么模样。它们有五个成功的驱动因素：

1. 与养老金计划参与人利益一致。

2. 强有力的治理。

3. 明智的投资理念。

4. 适度规模。

5. 有竞争力的薪酬。

遗憾的是，当下上述五项都能得高分的养老金机构为数不多，相反却存在五个不利因素。

1. 大多数养老金机构在执行其任务时会聘用多层代理机构，而所聘用代理机构的层级越多，出现委托代理问题的可能性就越大，相应的成本也越高。

2. 理想的受托人理事会对事业充满激情，也理解在复杂的养老金管理世界，治理职能的目的不同于行政职能。实际操作中，虽然多数养老金理事会通过了第一项测试，但第二项测试往往不尽如人意。

3. 实际的投资行为显示，很多养老基金没有明智的投资理念。约翰·梅纳德·凯恩斯早在 1936 年就指出了“选美比赛”式的短期投资与真正创造财富的长期投资的区别。但时至今日，前者这种不正常的投资风格依然雄踞在强调财富创造的后者之上①。

4. 有效的养老金机构要有一定规模，并能为成功运作提供必要的资源，降低单位成本。然而，太多基金的规模依然太小，无法获得这两个关键成功驱动因素中的任何一个。

5. 要成功执行创造财富的长期投资策略，需要有一群特殊的投资经理在养老金机构内部工作。不过，因为这些人薪酬不菲，此类要求往往被机构弃置，他们更热衷于在外部聘用更贵的人，因为上述成本可以隐藏，对计划的利益相关人只需报送净收益。

让我再次明确一下所有这些的底线。如果没有养老金机构创设和执行长期创造价值投资任务的意愿和能力，如果它们没有合法地位，养老金机构不可能扮演好我们所赋予它们的理性代际投资人角色。

开辟第二战场

全球很多人奋斗在我提到的养老金转型项目上，包括英国的股票行动组织。它的研究刊物、宣传活动和参与战略，能深刻影响英国的政策制定者、当选官员、监管者、养老金受托人、企业高管和投资经理，以理解养老金投资不应基于短期利润考虑。相反，养老金应以长期可持续、具备财富创造潜力的前瞻性投资为基础。

① 凯恩斯：《就业、利息与货币通论》（麦克米兰出版公司，1936年版）的第12章，仍是关于明智的投资理念、其含义及后果的最好论文。

这一领域的探索，股票行动组织并非独此一家。比如责任投资原则（Principle for Responsible Investing，PRI）项目正在全球范围内快速推进责任投资运动。罗特曼国际养老金管理中心（International Center for Pension Management，ICPM）项目正详细记录可持续养老体系和有效养老金机构的驱动因素，并把它们转化为可操作的执行策略。这样的例子还有一些。

说了这么多，我由衷地相信，开辟第二战场、加速实施养老基金转型项目的时机已经来临。我们必须制定明确的战略，知行合一，加快转变。在这方面，荷兰已公开承认传统的固定福利计划已死，但这并不意味着要转向传统的固定缴费计划。同样，澳大利亚已公开承认传统的待遇确定型计划需要"终生收入"作为后盾。探寻传统待遇确定型与缴费确定型方案之中间道路的工作，正在严谨地进行，我敢说更好的方法会被发现并落实执行。

关于养老金给付方面，我在罗特曼管理学院的同事戴维·贝蒂（David Beatty）提倡"衡量－发布－庆祝"策略：衡量哪些部分需要被管理，广泛发布结果，公开庆祝成功。举两个简单的例子：

1. CEM基准有限公司自1991年起衡量养老金机构的成本效益。运用所生成数据库做的研究正在印证"五个成功的驱动因素"模型的有效性[①]。

2. 安大略教师退休计划（Ontario Teacher' s Pension Plan，OTPP）于20世纪80年代严格遵照德鲁克"五个成功的驱动因素"的思路设计。该计划投入运营也是1991年。二十多年过去了，安大略教师退休计划已经积累了世界任何地方都无可比拟的投资和养老金管理记录。最鼓舞人心的是，其他大型养老金机构，无论在加拿大或是别处，

① 作者是CEM基准有限公司的联合创始人、共同所有人。访问公司网站可获得其运用庞大数据库形成的良好投资的五个驱动因素以及养老金管理绩效研究报告。

一旦采用安大略教师退休计划的“5个成功的驱动因素”模式，他们的成长就开始加速[①]。

愿景

设想一下，全世界劳动者被可负担的、有保障的养老金计划所覆盖；设想一下，数十万亿美元的资产，由许许多多像安大略教师退休计划这样由五个成功因素驱动的养老金机构，进行真正长期财富创造的投资管理。我要对你说，假如这一愿景变成现实，不仅仅会为当前和未来的养老金领取人创造可持续的收入流，今天“困难重重”的资本主义，也将转型到一个更具持续性、更能创造财富的版本，从而不会那么容易像过去十年那样产生金融泡沫与危机，而且在挑剔的公众眼中也更具合法性。

① 参见克劳德·拉莫洛克斯（Claude Lamoureux）：“有效的养老金治理：安大略教师的故事”，载于《罗特曼国际养老金管理期刊》，2008年秋季号。当今世界践行“5个成功的驱动因素”的养老金机构有十几家。

第 2 章

覆盖大众的养老金计划：好主意还是白日梦？

参议员汤姆·哈金（Tom Harkin）提出的全民退休计划的远大理想，因为推动提升退休安全的全国性辩论而受到人们的欢迎……

——摘自《养老金与投资》2014 年 2 月 3 日

逐渐逼近的退休储蓄挑战

经过政治部门和私人部门几十年的合纵连横与有所不为，今天的美国、加拿大和英国，绝大多数私人部门的从业人员没有参与企业养老金计划[①]。越来越多的研究表明，在这三个国家，上述原因导致了相当一部分工人及其家庭面临退休后几十年生活水平显著下降的前景。

此类预测提出了一个深刻的公共政策问题。如果可以的话，这些国家的政府应该做些什么来应对逐渐逼近的挑战？人们渐渐认识到，无为不再是什么合理的选项。但是做什么呢？本章将对此进行回答，记录那些具有惊人相似性的新兴解决方案，指出落实情况与目标间还存在的差距，对这三个国家在养老金改革方面的争议进行概括。

美国的退休基金措施

《养老金与投资》关于参议员汤姆·哈金美国退休基金法案

①译者注：译为企业养老金较容易为中国人理解。

（Retirement Funds Act）的文章标题，是一个意外的惊喜。文章写道："哈金计划虽障碍重重，却是一个好的开始"[①]。对于察觉的任何可能侵扰他们的政府举措，美国的金融服务部门有竭力捍卫自身地盘的历史。他们变得利他了吗？还是哈金的提议不被认为对行业利益有威胁？这些无疑是引人入胜的话题。

巧的是，在提交的养老金法案中，USA 的首字母缩写代表普遍（Universal）、安全（Secure）和适合（Adaptable）。法案序言宣称它的通过"将正面应对退休危机，以自动登记的方式确保 7500 万没有企业退休计划的工人大大增加退休储蓄，同时降低退休成本在 50% 以上。与 401（k）计划不同，美国退休基金将运用风险分担机制，使工人免于市场波动与其他风险"。

以下是提案精髓：

✧ 全民覆盖：每个工作的美国人可通过自动登记和工资扣除加入一个退休计划：有 10 名以上员工的雇主必须加入；小雇主和他的员工、自雇者自愿加入。

✧ 雇主责任：美国退休基金由劳工部批准、独立的受托人理事会监督，因此雇主没有选择、管理、运营养老金安排的信托责任。雇主唯一责任是确保雇员加入并自动扣费。

✧ 缴费：雇员缴费率为 6%，至多每年缴纳 1 万美元。可选择多缴费或少缴费，也可选择完全退出。雇主每年可为每位雇员最多缴纳 5000 美元，前提是为所有雇员缴费必须一致。

✧ 养老金提供：美国退休基金由独立的实体运营，这些机构由劳工部审批监管。各只基金由合格的受托人理事会治理，受托人能代表雇员、退休人员和雇主的利益。通过显著的规模经济控制管理费用。

① 布拉德福德（Bradford）："哈金的全民退休计划：障碍重重，好的开始"，载于《养老金与投资》，2014年2月3日。

✧ 透明度和基金民主：基金需定期披露投资政策与收益、提供终身收入的程序、运营成本、利益冲突政策。他们要为参与人估算他退休时可能得到的收益。他们拥有准许参与人有申请受托人移除某些服务提供商、对基金管理运营进行评论、批准或否决受托人薪酬方案的权利，以此践行民主。

✧ 方案设计：各只基金的目标是为参与人提供性价比高的退休收入流，降低那些即将退休者的福利水平波动。要防止参与人承担长寿风险（即生存年龄超过储蓄预期年龄的风险），有配偶保护和遗属抚恤金。固有风险由雇员和退休人员的大群体集体承担。雇主不对此类风险承保。

✧ 可携带性：参与人可每年一次转移到别的基金，可以把本人的 401（k）或 IRA[①] 余额带到所选择的基金。

✧ 与其他退休计划的衔接：以上基金并非意在替代已有退休基金，是为了形成有效补充。

上述功能如果全部具备，从大胆设想的角度来看，提案无疑是令人十分满意的。但它也有很多疑问，首先就是“谁会投入所需的人力和财力资源来建设能满足上述法案各项要求的专业养老金机构呢？”

个别州会否引导风向？

脑海中浮现唯一貌似合理的回答——个别州。事实上，美国已

① 译者注：IRA是美国个人退休账户（individual retirement account）的简称，其创设依据是1974年颁布的《雇员退休收入保障法》（ERISA）。IRA从诞生开始就设定了两大基本功能：一是转账功能。对于不同雇主提供的养老金计划，雇员在跳槽或退休时可以将它们“存放”到自己的IRA，这一功能称为转账（rollover）；二是储蓄功能。对于没有被雇主养老金计划覆盖的雇员或自雇者，当他们的年收入低于一定额度时，允许他们向IRA进行低水平的缴费。截至2015年底，美国私人养老金总资产高达24万亿美元，其中，IRA持有养老金资产约为7.3万亿美元，占比接近1/3。

有 14 个州已采取或正考虑在私人部门养老金安全方面采取某种行动。比如，加利福尼亚州 2012 年通过立法，为小型私人企业的雇员建立由州政府资助的工资扣除 IRA 计划。马萨诸塞州针对小型非营利性机构出台了类似的法案。俄亥俄州、亚利桑那州、威斯康星州和华盛顿州正在做立法准备。缅因州、佛蒙特州和明尼苏达州正考虑立法。奥尔良州、马里兰州和康涅狄格州专门成立了课题组，为上述问题提供建议。

值得注意也无须大惊小怪的是，这些州的举措没有一项接近于可操作。从零开始建立一个专业且具备成本效益的养老金机构，是一个耗时、费钱、风险大、极富挑战性的命题。考虑这么做的美国人，在采取进一步行动前，最好向北看看独立 49 年的加拿大，向东看看英国。

加拿大的养老金改革历程

为了应对逐渐逼近的退休储蓄危机，2008 年我提出了加拿大解决方案——加拿大补充养老金计划（Canada Supplementary Pension Plan，CSPP）[①]。与美国的退休基金法案内嵌的细节设计有很多相似的地方。列举如下：

- ✧ 通过含有退出选择权的自动登记，所有无企业养老金的加拿大人都得到覆盖；没有提供合格养老金计划的雇主，其雇员必须加入 CSPP。
- ✧ 养老金目标，包括第一支柱的老年津贴（Old Age Security，OAS）和加拿大退休计划（Canada Pension Plan，CPP）养老金，设定为 40 年工作期间最终总收入的 60%。

① 安集思（2008）“加拿大补充养老金计划：全体加拿大人迈向一个充足又负担得起的养老金安排”，C.D.Howe Institute。

✧ 默认缴费率与养老金目标一致，雇员和雇主之间五五分担。经过一系列我认为合理的假设，默认缴费率为 6%，雇员雇主各 3%。双方均可选择高于或低于默认费率缴费。

✧ 补充养老计划不应对结合退休计划、老年津贴和保障收入补贴（Guaranteed Income Supplement，GIS）已实现 100% 收入替代的低收入群体产生不利影响。譬如，可以通过免除每年第一个 25000 美元收入的工资扣除，来实现这一点。

✧ 根据参与者年龄以及老年工人和退休人员递延年金选择权的情况，默认设置投资方针。

✧ 补充养老金的投资、管理与沟通等职能，由公平交易、治理规范、管理有效的专业养老金机构承担，管理成本低（比如，50 个基点或更低）。

这个提案当时广受认可，但最终却被另外两个竞争方案所取代：一是提高强制性的加拿大退休计划（CPP）待遇水平；二是建立新的自愿性集合登记退休计划（Pooled Registered Pension Plans，PRPPs）。

为打破这种持续的僵局，安大略省在 2014 年预算中宣布将为未覆盖的工人建立自己的养老计划（安大略退休养老金计划 Ontario Retirement Pension Plan，ORPP），并已创立了顾问小组，为计划方案提供意见咨询[①]。2015 年 10 月，渥太华自由党政府的回归，使得安大略的退休养老金计划举措在整个加拿大铺开实施成为可能。由此，我 2008 年的加拿大补充养老金计划也被重新摆上了台面，带着一个重要的新内容——2007 年英国政府决心继续推进未覆盖工人的

① 到本文写作时，安大略退休养老金计划的一些重要细节还未有解决方案。例如，方案设计是否考虑目标福利方向、担保人的角色、计划覆盖的收入范围以及能免除雇主参与义务的“可比”养老金计划的构成要件。

养老金计划。

英国养老金历程

特纳勋爵（Lord Turner）担任主席的英国养老金理事会，2004年发布了首份报告，2005年发布了后续报告。理事会的4个重要发现是：900万英国工人面对退休储蓄不足；英国的养老金体系过于复杂；英国人的寿命在延长，而出生率在下降；英国管理养老金的机构安排并不充分。一个重要建议是：收入相关的养老准备，依靠雇员自动登记，进入新的国家养老储蓄体系（National Pensions Savings System，NPSS）或现行公司养老金安排，有退出选择权，同时要求雇主相应配套缴费。

该建议2006年被英国政府采纳。2007年，拥有独立董事会的个人账户给付管理局（Personal Accounts Delivery Authority，PADA）成立，为“政府制定切实可行的新养老金政策实施方案提供专业意见”[①]。2010年，个人账户给付管理局转型为运营机构——全国就业储蓄信托（NEST）。英国要求雇主将其雇员登记入具备某些最基本特征的养老金计划的法律，于2011年生效。根据此项立法，全国就业储蓄信托开始基于β测试登记工人。到2012年3月底，已有100个不同雇主的员工加入该计划。

到本书写作时，英国就业储蓄信托已登记无企业养老金计划工人200万，管理资产5亿英镑。按照同一立法，另有200万工人被自动登记到其它合格的由商业机构提供、雇主为其雇员选择的计划中。所有登记的工人中，约有8%行使了退出权。或许也不足为奇，因为

① 英国养老金改革故事的充分阐述，参见桑德布鲁克（Sandbrook）和高斯林（Gosling）：“英国的养老金改革”，载于《罗特曼国际养老金管理期刊》，2014年春季号。

大多数是接近退休的高收入员工。展望未来，全国就业储蓄信托面临未来几年自动登记其他数以百万计英国工人的艰巨任务[①]。

资金来源方面，英国政府提供的贷款使得个人账户给付管理局和全国就业储蓄信托的创建成为可能。2011 年签署的贷款协议允许全国就业储蓄信托 2020 年前最多可贷款 6.5 亿英镑，但由于政策和经济环境的持续变化，这个数字会被不断核定。收入端，全国就业储蓄信托每年按所管理资产规模的 0.3% 向参与人收取管理费，对缴费部分一次性收取 1.8%，以覆盖启动成本。两项收费统算，平均下来相当于每年按资产规模的 0.5% 收费。

对美国和加拿大的借鉴意义

英国养老金改革的演变故事，为美国和加拿大在国家及州 / 省政府层面进一步推动养老金改革提供了重要经验。例如：

- 养老金改革是否准备明确选择中间道路？中间道路具有美国退休基金法案和我 2008 年加拿大补充养老金计划的基本设计特征，在英国正以全国就业储蓄信托的形式实践。可以说，这些特征结合了传统缴费确定型与待遇确定型计划的最优部分（比如，有目标的养老金，清晰的产权，无代际财富转移，终其一生的收入，退出选择权）。
- 是否准备要求尚未提供合格养老金安排的雇主将其员工加入一个合格的计划？
- 是否准备任命专家小组负责设计和创建有效的行动战略，最终确定一省或州的养老金计划方案并进行管理？

① 全国就业储蓄信托前首席执行官蒂姆 · 琼斯（Tim Jones）在2015年一次谈话中向作者透露。

✧ 能否找到各方可接受的方式，以便商业机构参与这些养老金服务的新兴市场？

假如对上述问题的回答为“是”，有三个成功的驱动因素，应谨记于心：一是简单可行的愿景，应对养老金覆盖问题；二是政治意愿，推进到底的决心；三是落实执行的努力，得到合理资源配置和有效引导。

在这种背景下，全国就业储蓄信托的实践具有指导意义，有以下三点理由：

1. 它证实了成功的三个驱动因素：特纳领衔的委员会明晰了问题并提出了解决方案；当时的英国政府致力于把“纸面”的方案转变为实际解决问题的方法，英国政府合理资源配置，有效引导相关工作，成功实现了转型。

2. 一切进入正轨需要很长时间：特纳的建议 2006 年被英国政府接受。个人账户给付管理局 2007 年建立，全国就业储蓄信托 2011 年开始运作。

3. 好的治理是关键：全国就业储蓄信托的架构持续证明，一个融合技能、经验与“更大利益”思维方式的集体组合，对于机构战胜从愿景到现实路上必须经历的诸多艰难险阻至关重要。

那么，覆盖大众的养老金计划究竟是好主意还是白日梦呢？一切都有赖于政治愿景的力量与透明度，有赖于成功执行所需的意愿与资源。

第3章

机构投资有发展前景吗？

我们如何让有着不同能力和不同财务知识的人表达他们的投资偏好，又不会使他们受兜售伪劣产品的商人所侵害？

——乔治·阿克洛夫（George Akerlof）、

罗伯特·希勒（Robert Shiller）

《动物精神》（*Animal Spirits*）（2009）

在东京的讨论

在近期于东京举行的一次专题演讲中，我提了一个问题：机构投资有发展前景吗？答案是“当然有前景”。但是我要郑重说明的是，现在市场上相当大的一部分机构的投资服务都无法满足一个合理的“成本效益”测试。接下来，我陈述了提出这一观点的理由，提供证据来证实其正确性，利用逻辑和实证依据来阐述一个更好的解决办法，并说明了如何将其付诸实施。

上述“机构投资服务没有为大部分客户创造价值”的论点在逻辑上符合以下两个关键的事实：

1. 投资管理服务市场是非对称的。大部分卖方对其所销售的服务的了解都要多于买方。

2. 卖方利用这一优势，不在价格上竞争，而是在一些较抽象的因素上做文章，例如期望、质量、强大的销售渠道等。

诺贝尔奖得主、经济学家乔治·阿克洛夫多年前即指出，在具有上述特征的市场中，消费者的付出总是超过所得。与此相反，相对于其提供的产品或服务的经济价值而言，卖方总是获利过多[1]。

主动投资的成本

客户实际上为机构投资服务支付了多少钱呢？肯·弗兰奇（Ken French）教授在2008年于美国金融协会（American Finance Association）发表的主席报告中回答了这一问题。针对美国股票市场，他估算了投资者在1991年到2006年期间支付的年投资成本（管理费和交易成本）。举一个具体的例子，2006年投资于美国股票市场的总成本为77个基点，即1150亿美元。如果整个投资都是被动管理的，弗兰奇估计总成本仅为150亿美元（10个基点）。剩下的1000亿美元（67个基点）即为这一年里主动投资带给投资者的增量成本[2]。

弗兰奇教授的计算引导我们提出这样一个问题：增加的1000亿美元主动管理费和交易成本，在2006年为养老金、公募基金、对冲基金参与者创造了什么价值？正确的经济学答案是"价格发现"。换句话说，没有主动管理的话，股价就会失去经济学依据。因此，这个问题基于经济学的问法是：应该在主动管理费和交易成本上花多少钱，才能维持美国股票市场的"合理定价"？显然，基于经济学的回答是：如果额外支付1美元成本，无法增加足够的期望经济回报，主动管理费和交易成本就达到了上限。

由此而论，如果如前文所述，以美国股票市场的价格发现为

① 阿克洛夫关于这一主题最著名的文章是"柠檬市场"：载于《经济学季刊》，1970年8月刊。也可参见阿克洛夫与希勒合著的《动物精神》，普林斯顿大学出版社2010年版以及《钓愚：操纵与欺骗的经济学》，普林斯顿大学出版社2015年版。

② 弗兰奇（2008）："主动投资的成本"，美国国家经济研究局。

目标，那么弗兰奇教授估算的1000亿美元可能会是2006年的正确成本吗？在我看来并非如此。我在下文会揭示，很可能仅需上述成本的十分之一就能实现价格发现。简言之，在认识到美国和全球市场上的其他资产类别也很可能遭遇同样的“成本过高”问题后，我们推断，从散户投资者和劳动者口袋里赚取的数以千亿计的美元并没有获得等价的经济回报。

从养老金领域获得的新证据

每年在“价值损失”上耗费的千亿美元很可能损害公募基金投资者的利益。这是买卖双方信息不对称问题最严重的体现。然而，近期的两项研究显示，养老金受益人也未能幸免。文章如下：

1. “投资期限：投资经理能说到做到吗？”[①] 发现，大部分负责养老金资产主动投资的投资经理在实践中的换手率都高于预期。在被问及为何采取难以自圆其说的“短线主义”投资策略时，投资经理引用动荡的市场、对立的对冲基金交易、来自客户的混杂信号、短期激励机制等为理由。有趣的是，许多投资经理似乎已经认识到这样做的负面结果，却认为他们已被限定在这些破坏价值的行为模式中。

2. “缺乏价值：针对机构养老金计划发起人的投资配置决策的分析”[②] 认为，“计划发起人对养老金计划资产做出调整仓位或调整配置的决策时，并没有从利益相关者的最大利益出发。”计划发起人新配置的投资策略往往在资金到位后表现不佳。而他们撤资的投资策略经常在投资撤出后表现得更好。作者研究的基金在五年时间内，因这些错误的调仓决策产生了高达千亿美元的成本。

---

① 2010年2月由投资者责任研究中心协会和美世咨询发表。

② 斯图尔特等人，《金融分析师期刊》2009年11～12月刊。

总之，养老金领域看起来也存在明显的决策失灵问题。

机构应该如何投资？

上述讨论引发了一个问题：诸如养老金这类的机构应该如何投资呢？我在《金融分析师期刊》的文章《组合理论之外：下一个前沿》指出，传统的投资理论回避了这个问题[①]。为了得出简洁的答案，传统理论忽略了这个存在着“动物精神”、信息不对称、代理人借机获利、复杂的组织结构挑战问题的混乱的“真实世界”。结果是，我们仅能从投资机会、投资回报率分布和协方差、投资者风险厌恶程度这一集合中得出“理性的”投资决策。

该文章将真实世界的因素，例如“动物精神”、代理人、组织行为，引入了下列等式。由此，传统的投资理论变成了如下的综合投资理论：

客户 / 受益人价值 = F{A，G，IB，R，IMPL}

其中：

A = 代理人因素，诸如客户 / 受益人与提供投资服务的机构之间潜在的利益错配。

G = 治理质量因素，糟糕的基金治理很可能导致较差的投资结果。

IB = 投资理念。不仅描述回报率分布和回报率协方差，投资理念还应该询问其描述的内容可能有怎样的预测能力、像“短线主义”这样的行为问题应如何解决。

R = 风险管理。风险管理绝不仅是描述回报率分布和理解投资者风险厌恶程度（尽管做到这些已经很不容易了）这么简单。风险管理还应该深入探究风险的真正含义、风险是如何承担以及最好地度量的。

① 安集思：“组合理论之外：下一个前沿”，载于《金融分析师期刊》，2005年1～2月刊。

IMPL= 执行因素。这是一个不可忽视的“真实世界”的问题：要不要外包？要不要使用衍生品？要不要支付基于业绩表现的薪酬？上述问题至关重要。

实证研究证实，所有上述五种因素会对客户 / 受益人的价值创造产生更好或更坏的影响。

举例来说，使用公募基金数据库和 CEM 基准公司养老金数据库的研究证实，公募基金投资者与养老金受益人相比，承受了相当高的代理成本[①]。养老金的良好治理已被证明是增值回报的来源之一[②]。融合了现实因素的投资理念也是增值回报的一个来源，例如 10 ~ 20 年来投资者心态中的动物精神情绪摇摆（意即在悲观与乐观之间反复）。在执行方面，拥有低成本结构的基金通常比高成本结构的基金表现更好（已针对投资政策做出调整）。内部管理一般会比外部管理的收益更高（在同样授权下，基于净超额收益率来衡量）[③]。

后两个关于执行的研究结果隐含的结论是规模影响业绩。基金经营和养老金管理都是极大地得益于规模经济的活动。例如，CEM 数据库的研究结果表明，内部管理通常会比外部管理表现得更好。成本差别是这里的一个主要驱动因素，特别是在私有市场领域，比如房地产、基础设施、私募股权等。然而，只有那些自身有能力增员、能在这些细分市场配置百亿美元资金的养老金，才有资格选择内部管理，来避免高昂的“2% 和 20%”的外部管理费率[④]。规模的确非常重要。

① 具体例子请参见鲍尔和基肯：“养老金的优势：加拿大人付给公募基金的钱太多了吗？”，载于《罗特曼国际养老金管理期刊》，2008年秋季刊。

② 具体例子请参见安集思、卡佩勒、卢姆：“养老金治理的赤字：依然存在”，载于《罗特曼国际养老金管理期刊》，2008年秋季刊。

③ 请访问CEM基准公司的网站来获取这些结果的研究支持。

④ 译者注：美国传统的对冲基金管理费率模式，即2%的固定管理费和20%的业绩分成。

从理论到实践：安大略教师退休金计划的案例

设计一个完美的投资机构是一回事，真正地创造并管理一个完美的投资机构又是另一回事。现实世界有没有先例呢？实际的价值创造结果是否符合预期呢？要想很好地回答这个问题，我们可以从过去几十年的评价期内找出一个较大的“完美”基金样本，来和另一个较大的“不完美”基金样本对比。遗憾的是，我们还差几十年的时间才能实现这种测试。历史上拥有完美规划的基金为数不多，有几十年业绩记录的更是凤毛麟角。然而，前一章提到，我们的确还有安大略教师退休金计划这样有指导性的案例。我在 80 年代后期参与了该计划的早期设计，并且自其 1991 年成立至今一直关注着，直到它发展到现在的规模。

1987 年安大略政府特别工作组以“为谁的利益”为主题的研究开启了该机构的完美规划。首席执行官克劳德·拉穆勒（Claude Lamoureux）在《罗特曼国际养老金管理期刊》上的一篇文章里，回顾了该机构从真实创立到他 2007 年退休时的发展历程[①]。拉穆勒阐述了安大略教师退休金计划的黄金法则：

- 尽力招募最好的理事会成员。
- 不要参与政治：机构的唯一目标是在可承受的成本内提供优质的养老金。
- 尽可能聘请最优秀的人才，并在明确的目标上达成共识。
- 薪酬水平能够使激励与目标相匹配。
- 确保机构拥有正确的资源来完成任务。
- 团队协作运行投资项目。

① 拉穆勒：“有效的养老金治理：安大略教师退休金计划的故事”，载于《罗特曼国际养老金管理期刊》，2008年秋季刊。

✧ 以推己及人的方式对待计划参与人和雇员。

✧ 对人委以重任，不要怕承担风险。

✧ 听取计划参与人、雇员、理事会的意见。

✧ 持续并清晰地沟通。

✧ 永远不要屈服于诱惑：正如凯恩斯所言，“以常规的方式失败，比以非常规的方式成功，对声誉更为有利。”

拉穆勒的同事鲍勃·伯特伦（Bob Bertram）和芭芭拉·兹万（Barbara Zvan）撰写的续篇解释了安大略教师退休金计划的薪酬激励机制是如何演变的。[①]

那么业绩如何呢？在投资方面，安大略教师退休金计划在二十多年的历史中，每年的业绩都会大幅超过其基准对照组合2个百分点。在养老金管理方面，该计划的服务质量指数在1993年的起始评分为8.1分，在90年代稳步提升，2002年突破了9.0分，此后始终保持在9.0分以上[②]。

“完美的”投资机构及投资成本

假如世界充满了“完美的”投资机构，会有怎样的效果？我们假想一下，从弗兰奇教授发现2006年管理美国总计15万亿美元的权益组合的成本是77个基点或者说1150亿美元开始，我们创造150个完美的投资机构，每家机构管理这个权益组合中的1000亿美元资产。他们起初都实行被动投资策略，每家持有这个组合的1/150。这只需要很少的人力和极低的交易成本。假设每家机构每年花费2.5个

① 伯特伦和兹万：“养老金与薪酬激励机制：安大略教师退休金计划的经验之谈”，载于《罗特曼国际养老金管理期刊》，2009年春季刊。

② 数据是作者从安大略教师退休金计划年报和CEM基准公司获得的。

基点或者说 2500 万美元。这样算下来，150 个机构每年总共的开销是 37.5 亿美元。

现在，其中一家机构发现，市场没有起到价格发现的作用（也就是说，没有主动管理）。这家机构聘请了一些证券分析师，他们擅长卖出被高估的股票，买入被低估的股票。于是，这家机构的业绩开始超过其他 149 家。其他 149 家机构也开始雇佣分析师。这场雇佣进程会在什么时候停止呢？在新雇佣一名分析师所带来的边际成本无法获得期望的净回报的时候。聘请多少名分析师才可能达到这个临界点呢？我们不知道。但是我们可以假设这 150 家机构每家都聘请了 100 名分析师，并且每年支付给每名分析师 25 万美元的基本工资。这给每家机构带来总共 2500 万美元的运营成本。每家机构每年的总成本从 2500 万美元增加到 5000 万美元。我们再把 2500 万美元的交易、差旅、管理和其他费用包括进来，每家机构每年的成本就会高达 7500 万美元或者说 7.5 个基点。

这 15000 位得到激励的、专业的证券分析师，管理着数万亿美元的资本，能够为美国权益市场建立公允价值定价机制吗？我想是的。如果我是对的，并且如果每家机构最优的 7500 万美元年投资成本估算得大致正确，我们就能计算出美国权益市场的价格发现机制能够给社会带来多大的最优成本。假如这 150 家机构每家花费 7500 万美元，那么对于 15 万亿美元的市场组合来说，每年的最优成本就是大约 110 亿美元，也就是 7.5 个基点。这是 2006 年实际成本 77 个基点，即 1150 亿美元的十分之一。如果同样的比率适用于其他证券市场的话，完美的投资机构每年很可能减少高达数千亿美元的非必要成本。

并非仅此而已。这些完美的机构已经发现，他们投资的一些公司自身也存在不必要的代理和治理成本。第一章提到，完美的机构之间的协作策略可以降低这些公司的代理和治理成本。因此，这种完美的机构投资体系带来的社会效益将会更高。

前景展望

市场力量无法创造安大略教师退休金计划，也无法创造我们在假想中描绘的150个完美的投资机构。只有公共利益实体才能创造这样的机构。民主选举的政府就是一个明显而不唯一的例子。行业协会和工会也能做到。更好的是，他们可以联合起来。既然有这么多好处，为什么公共利益实体还没有为了获取这些利益而行动起来呢?

第 4 章

托马斯·皮凯蒂的《21 世纪资本论》：与养老金管理的关联

坦率地说，目前的经济学科不惜牺牲历史研究，牺牲与其他社会科学相结合的研究方法，盲目地追求数学模型，追求纯理论的、高度理想化的推测。这种幼稚的做法应当被抛弃了。这种对数学的痴迷是获取科学性表象的一个捷径，因为这样不需要回答我们所生活的世界中那些更复杂的问题。

——托马斯·皮凯蒂（Thomas Piketty）（2014 年）

皮凯蒂现象

法国学院派经济学家托马斯·皮凯蒂的经济学著作《21 世纪资本论》（哈佛大学贝尔纳普出版社，2014 年版）长期风靡全球。上文对该书导言的引用瞬间就引起了共鸣。读过近 700 页以后，我发现作者没有食言。他的书中的确充满了严肃的历史研究和多学科思考。如他所言，书中极少用到数学，也确实解决了我们所生活的世界中的复杂问题。

是什么让该书掀起全球热潮呢？是表述方法和传达的信息。表述方法就是不懈的学术研究：命题→历史研究→命题的应用→结论。为吸引读者，历史研究并不仅仅充斥着数据。举例来说，皮凯蒂大量使用了简·奥斯汀（Jane Austin）和巴尔扎克（Balzac）的小说来传达 19 世纪的英格兰和法国关于资本和财富的含义及概念。在书的结尾，他得出了三个广泛的结论：

1. 社会财富和收入在未来的分配是无法预先决定的：长期来看，这些分配的路径与政治高度相关，而不是由经济法则决定。

2. 财富分配的动态变化表明，有一个强大的机制在推动社会趋于分化：没有天生的自我修正机制来阻止这种造成不稳定的分化力量占据上风。

3. 社会财富分配持续向不公平的方向偏移，这一现象导致的风险足以证明政治行动是合理的：例如，对资本实行累进税制征税。这一办法既能避免社会陷入无尽的不平等旋涡，也能保持对创新力和生产力持续提高的激励。

这些结论非常深刻，而且有广泛的社会政治含义。皮凯蒂的著作充满了智慧和对历史的审视，对于工作在养老金设计、治理和投资领域的人来说有着重大的意义。本章解释了这样说的原因。

R>G 不等式

皮凯蒂通过 R>G 不等式推导出结论。R 是资本的平均年化税前真实收益率，包括利润、股利、利息、租金，以总值的百分比表示；G 是经济的真实增长率。通过计算法国和英国过去三个世纪以来的资本收益率（R），皮凯蒂发现，R 在第一次世界大战前约为平均 5%，从第一次世界大战到 1970 年的近 60 年间，这一数字有所提高（位于 8% 以上的区间），然后开始降低，直到现在的 4% 左右。在全球的经济增长率（G）方面，皮凯蒂阐明，在 1700 年以前，G 几乎为 0，1700 ~ 1820 年间是 0.5%，1820 ~ 1913 年间是 1.5%，1912 ~ 2012 年间是 3%。

扣除人口增长率之后，上述增长率换算为人均水平分别是0.1%、0.9%、1.6%。展望未来，随着人口增长率的降低，G会降低到3%以下。如果21世纪仍然能维持20世纪的生产力增长水平，G最终会稳定在1.5%左右。

关键是在有史记载的大部分时间里，R都超过了G，未来很可能持续这一现状。皮凯蒂指出，这种R>G的情况代表了一种潜在的可能：继承财富的增长速度快于产出和收入。这又意味着随着时间的流逝，继承财富的集中程度会更高。随着财富愈发高度集中，储蓄率随之提升，再次强化了这一动态变化。重要的是，这里并不存在市场不完善的问题，也不存在缺乏行政手段的自我修复机制。这类行政手段包括直接或间接的财富累进税制。

影响财富集中的法则

为帮助读者理解这些重要的结论，作者说明了一些重要的定义和关系：

- ✧ 国民收入（National Income，I）：一国的资本收入（利润、红利、租金、版税、利息等）与劳动收入（工资、薪水、奖金等）之和。
- ✧ 储蓄率（Savings Rate，S）：国民收入没有用于消费的部分。
- ✧ 资本（Capital，C）：个人（或群体）拥有，并能在市场上转移或交易的所有形式的财富。
- ✧ 资本/收入比（Capital/Income Ratio，C/I）：一国的资本存量价值除以每年的国民收入流量。发达国家的资本/收入比目前在5～6之间。
- ✧ 资本主义第一基本定律（First Fundamental Law of Capitalism）：

资本收入占国民收入的比重 =R × C/I。因此，如果 R=5%，C/I=6，那么资本收入占国民收入的比重是 30%，国民收入中余下的 70% 是劳动收入。如果 C/I 或 R 变化，相应的资本收入和劳动收入占国民收入的比重也会变化。

✧ 资本主义第二基本定律（Second Fundamental Law of Capitalism）：长期来看，一国的资本 / 收入比是由储蓄率 S 与增长率 G 之间的比率决定的（即 C/I=S/G）。因此，较低的 S 和较高的 G 合起来会产生较低的资本收入比（例如，8%/4%=2）。相反地，较高的 S 和较低的 G 合起来会产生较高的资本收入比（例如，15%/1.5%=10）。

这些概念有助于解释皮凯蒂对于 21 世纪资本主义的主要担忧：经济从相对来说低储蓄率 / 高增长率（低 S/ 高 G）转变为相对来说高储蓄率 / 低增长率（高 S/ 低 G）所带来的影响。比如说，当前的情况可以近似为 R=5%，S=10%，G=2%，C/I=5，这意味着国民收入中资本收入和劳动收入比重是 30% 和 70%。如果 S 和 G 分别变为 12% 和 1.5% 呢？这意味着资本 / 收入比会提高（根据第二定律）到 12%/5%=8。如果 R 保持在 5%，这意味着资本收入和劳动收入占国民收入的比重会从 30% 和 70% 变成 40% 和 60%（根据第一定律）。从政治角度来看，这种高达 10 个点的劳动收入向资本收入转移必然存在严重的问题。皮凯蒂认为未来财富和收入的集中度很可能将显著增加，并呼吁即刻采取行动来应对这一可能。上文的论述证实了他的观点。

R 的故事是什么?

通过真实估算 18 世纪以来的 C 以及收入累积转化而成的资本，

皮凯蒂估计第一次世界大战前法国和英国合理稳定的资本收益率R=5%。他认为，由于两次世界大战及其中间的大萧条，从第一次世界大战到1970年的近60年时间是一段不正常的时期。这段时间首先是税收增加、资本价格下跌、有形资本遭到破坏（1914 ~ 1945年）。接下来是资本重建的延长时期（1946 ~ 1970年），这段时期内经济高速增长、资本价值提升、资本收益率很高。

皮凯蒂对资本收益率R的计算显示，这段反常的时期已经远离了我们。现在的资本收益率持续下降，已低于18世纪和19世纪的R=5%的水平，目前更为贴近现实的资本收益率是R=4%。我在第20章也得出了类似的结论：我们已经在一个“成熟资本主义”时代生活了数年。这一时代的典型特征之一就是资本收益率显著低于第二次世界大战后资本重建/高经济增长时期。具体来说，我在第20章计算出，权益回报率与长期通货膨胀保值债券的实际回报率之间的利差就是5%与1%之间的差距（税前，费前）。而皮凯蒂计算出现在的平均资本收益率（涵盖所有形式的资本）是4%左右。我的计算结果与皮凯蒂的一致。

皮凯蒂还顺带就当前如何思考资本收益率的前景给予了很好的启示。如今大部分的资金池都是用来提供房地产服务（住宅和商业地产）、生产商品以及提供各类非房地产服务的。因此，资本收益是以租金（应计的或真实支付的）、利润（直接或间接的）和利息（取决于融资的多种形式）的形式体现的。未来的资本收益率不但由创新能力和生产力提高来决定，而且取决于资本的相对稀缺（或剩余）。还有一个想法是，一个国家（或国际）的资金池也可能存在相对稀缺和剩余。例如，现在看起来，根据现金储备来判断的话，公司很难找到收益超过资本成本门槛的新投资。与此同时，大部分国家都在经历着实质性的基础设施资本亏损。

养老金在全球格局中有多重要？

养老金从业人员通常认为，养老金是全球财富联盟的重要参与人。换句话说，他们认为现在估算的36万亿美元的养老金专用资产是世界上最大的资产池之一[①]。真的是这样吗？皮凯蒂将资本数据按大小排序，给出了关于这个问题的有趣信息。考虑如下数据：

- 全球人口（45亿成人）资本总额：350万亿美元。
- 全球资本总额/成年人口：78000美元。
- 最上层的0.1%群体（450万成人）拥有的财富：59万亿美元（全球资本总额的17%）。
- 最上层的0.1%群体拥有的财富/这部分人口：1300万美元。
- 接下来的0.9%群体（3950万成人）拥有的财富：116万亿美元（全球资本总额的33%）。
- 接下来的0.9%群体拥有的财富/这部分人口：290万美元。
- 再接下来的49%群体（22.455亿成人）拥有的财富：175万亿美元（全球资本总额的50%）。
- 再接下来的49%群体拥有的财富/这部分人口：79000美元。
- 最下层的50%群体（22.5亿成人）拥有的财富：可忽略不计。[②]

很明显，全球财富远非平均分配的。举例来说，全球财富拥有者中最上层的1%群体拥有全球资本总额的50%（175万亿美元）。对比来看，36万亿美元的养老金资产池看起来没有那么大了。维基百科按关键类别分类，给出了一份更为完整的全球机构资产持有情况表（见表4.1）。请注意，养老金资产的价值（36万亿美元）基本等同于私人财富资产（33万亿美元），保险资产和公募基金资产各为

① 韬睿惠悦咨询公司（Towers Watson）：《全球养老金资产研究》，2015年。

② 皮凯蒂：《21世纪资本论》，哈佛大学贝尔纳普出版社2014年版。

24 万亿美元，与养老金资产相差不远。主权财富基金资产以及捐赠基金和基金会资产要小得多，分别是 5 万亿美元和 1 万亿美元。

表 4.1　　全球主要类别的投资机构管理的资产价值

机构类别	资产价值（万亿美元）
私人财富	33
养老金	36
保险公司	24
公募基金	24
主权财富基金	5
捐赠基金 / 基金会	1
总额	123

资料来源：作者根据韬睿惠悦咨询公司（Towers Watson）、彭博（Bloomberg）、国际货币基金组织（IMF）的数据编制。

把表 4.1 的机构资产分布与皮凯蒂的全球财富分布相结合，可以合理地推断出，养老金和公募基金池（共 60 万亿美元）主要是那“再接下来的 49% 群体”（也就是中产阶级）的财富。相反的是，在机构管理的 33 万亿美元私人财富资产中，大部分都属于“最上层的 1% 群体”所拥有的更大的 175 万亿美元资产池。在皮凯蒂的财富集中论背景下，这一区别有重要意义。中产阶级的 60 万亿美元资产中，绝大部分是贯穿“生命周期”的财富，因为储蓄流入主要用来匹配储蓄流出，储蓄流出是用于支撑“再接下来的 49% 群体”工作前以及退休后的消费的。相比之下，属于最上层 1% 群体的 175 万亿美元中的绝大部分都是继承的财富，这些钱不会被花掉，而是会由最上层 1% 群体的继承人或其他指定的受让人来继承。

与此相关的问题是“财富就是力量”这一现实。最上层 1% 群体的 175 万亿美元财富赋予他们巨大的权力。他们会如何使用这一权力呢？用于公共利益吗？还是用于实现其他不那么高尚的目标？那么，再接下的 49% 群体拥有的、由养老金和公募基金管理的 60 万亿美元财富有什么能量呢？这笔钱当然也有潜在的强大力量。比如说，这笔钱几乎等于 Marketwatch.com 公布的全球上市股票 2015 年年中总市值 69 万亿美元这一数字。

本书自始至终都表明，养老金与公募基金之间存在一个重要的不同点。养老金担负着更加清晰定义的职责，用长期受托责任的思维模式来管理他们治下的财富。因此，养老金理事会和管理层的成员是理性的人，他们创造并领导了一套运行流程，来确保他们管理资产时秉持长期财富创造策略。

皮凯蒂的贡献

所以我们能从皮凯蒂现象中得出什么结论呢？我想到了两件事。从广泛的社会政治经济层面来看，皮凯蒂提出了一个清晰的非意识形态的框架来讨论资本主义未来的方向。与本书所述的养老金引领的信托资本主义不同，皮凯蒂描绘了一个以继承驱动的世袭资本主义机制，这是 R>G 不等式导致的结果。需要强大的、协调一致的政治举措来避免出现这一结局。

在更具体的关于养老金的章节，皮凯蒂提醒我们，必须找到适合 21 世纪的方法，21 世纪的资本收益率和经济增长率很可能低于那段反常的第二次世界大战后高资本收益率 / 高经济增长率时期。我们为准备未来的养老金支付而计算成本和积累时，应该考虑这一现实。与此同时，正如彼得·德鲁克（Peter Drucker）40 年前在他的著作《看不见的革命》（*The Unseen Revolution*）中所言，养老金行业的受托使命使其成为最佳的“先驱”候选人，引导资本向生产造福于全人类的长期经济成果的方向发展[①]。

① 德鲁克：《看不见的革命》，哈珀与罗出版公司1976年版。（Drucker（1976），The Unseen Revolution，Harper & Row）

第二部分

养老金设计

设计是用行动将想法付诸实践的初步构想；是依据经济和社会政治维度的功能标准而设想、规划或构建事物的过程、实践或艺术。

——改编自《牛津英语词典》以及沙克·布林克肯珀（Sjaak Brinkkemper）的《方法工程学》（*Method Engineering*）（1996）

第 5 章

为什么要转变养老金改革问题的讨论方向

对养老金的嫉妒和抨击是适得其反的。养老金计划是可行的。它们本不是用来满足如此多的老龄化和长寿化的战后婴儿潮一代的。一个不稳定的市场再也无法弥补这些结构性失败。但是亡羊补牢，为时未晚……

——吉姆·里奇（Jim Leech），杰奎·麦克尼什（Jacquie McNish）：

《第三条轨道：直面我们失败的退休金政策》

（*The Third Rail*：*Confronting Our Pension Failures*）（2013）

发生在华盛顿的关于养老金的争论

最近，有人邀请我分享关于养老金改革的观点。与会者是 125 位联邦和州立法委员、行政官员、广泛代表了华盛顿政界的养老金游说人员。演讲题目是“公共部门的养老金设计：改变讨论的方向”。核心思想是：如果美国和其他国家关于养老金改革的争论一直拘泥于待遇确定型养老金计划、缴费确定型养老金计划这些僵硬死板的词条，那么这些争论仍将是无效的，最终将只有输家而没有赢家。要想真正推进养老金改革，我们要脱离这种刻板的非此即彼的选择框架，转向更加有建设性的讨论，探讨我们要尝试做什么以及怎样实现。

为了实践这种讨论，我把 40 分钟的演讲分为两个部分：前 20 分钟提出任何有建设性的、关于养老金改革的讨论都应具备的关键元素；后 20 分钟用来实践这种讨论方式，其特定规则是在整个讨论过程中，任何人都不许提到“待遇确定型”或“缴费确定型”。这一章介绍了我认为这种讨论需要包含的重要观点和词汇，并讲述了这场华盛顿讨论的实际结局。

关于养老金改革的一本新书

就在华盛顿演讲前，我在加拿大的全国性报纸《环球邮报》（The Globe and Mail）上，为一本关于养老金改革的新书写了一篇评论①。巧的是，正如我在前文对该书的引用所证实，作者吉姆·里奇和杰奎·麦克尼什紧密地呼应了我的华盛顿演讲主题“改变讨论的方向”。《第三条轨道》首先将养老金的未来与过去连接起来。想要确认未来，需要理解我们是如何走到现在的。接下来，作者巧妙地呈现了形成反差的两种需求：一种是优秀的养老金设计需要的集体协作，另一种是要实现集体协作所必需的个人领导力②。

为证明他们的观点，我们在书中见证了加拿大城市议员、美国州财政部长、荷兰养老金监管人员的辛勤努力。这三位养老金改革的主人公不但承受了否定，还忍受了现实的敌意，因为他们指出了处于他们监管下的养老金机制的脆弱性和不可持续性。这些戏剧性的场面突出了这本书的主旨：改变这个脆弱、过时的养老金体制是一件危险的事，需要极大的政治勇气。

值得赞赏的是，里奇和麦克尼什在书中没有提倡“一刀切”的养老金解决方案。但他们确实倡导了集合型的养老金设计，这种设计能够受益于良好的治理、规模经济、合理的风险共担。他们还说明了在

① 安集思：“第三条轨道：安大略教师退休金计划的吉姆·里奇和环球邮报的杰奎·麦克尼什让养老金改革变得简单”，载于《环球邮报》，2013年11月8日刊。

② 里奇和麦克尼什：《第三条轨道：直面我们失败的退休金政策》，麦克兰德&斯图尔特出版社2013年版。

现实世界中实现优秀的集合型养老金设计会遇到的挑战。以牺牲未来为代价来享受当下是人类的基本欲望。因此，举例来讲，我们在 90 年代后期没有留存养老金的盈余以备不时之需。相反地，我们把盈余花在提高养老金福利和暂停缴费上。我们现在承认了过去十年间出现的养老金赤字这一后果了吗？并没有。在很多情况下，我们对资产回报率做着不切实际的乐观假设，以此来持续掩盖养老金赤字的真实规模。总之，作者告诉我们，若要退休收入体系可持续，在设计和管理时一定要谨记以代际公平为先。

转变养老金改革问题的讨论方向

那么我们回到华盛顿的讨论上。要把关于养老金改革的讨论从无效转变成有建设性的，我建议该怎么做呢？通过思考五个养老金设计现状的含义来实现：

1. 所有的优秀养老金体制都有三个共同之处（下文将详述）。

2. 所有的养老金体制都存在内嵌风险，我们需要理解并管理这些风险。

3. 其中一些风险有代际维度的因素。

4. 养老金计划的可持续性有赖于代际公平。

5. 实现代际公平与养老金计划的设计相关。

我从所有优秀的养老金体制都具备的三个共同设计特点开始，简要阐述了上述每一条现实情况。这些优秀的养老金体制是：

1. 包容的：所有员工都有公平的机会来为退休做准备。

2. 符合目标的：养老金体制设计是有明确目标的，从目标退休日开始终身支付目标退休金。然而，体制也应该具备灵活性，在执行过程中能够调整。

3. 有成本效益的：由符合“成本效益”的养老金管理机构把退休储蓄转变成养老金支付款。

没有一个理性人会不同意上述三个特征吧？到目前为止，大家都同意我的观点。

一个符合目标的养老金公式

暂且不讨论“包容性”和“成本效益”这两个养老金设计的特征，我在华盛顿的演讲主要讨论如何构建“符合目标的”养老金公式。同样地，以下是一份有逻辑性的三步骤方案：

1. 设定一个养老金目标：一个典型的目标可能是65%的平均工资，并挂钩通胀。

2. 养老金目标的成本：这需要预测工作年限、退休后的寿命、第一支柱国家养老金的支付数额（例如老年津贴、社会保险等）以及养老金缴费的投资回报。

3. 识别相关的风险和可能的缓解风险办法：主要的不确定性来自寿命（换言之，我还会活多久）和养老金缴费的真实净回报（也就是说，在减去费用并根据通胀调整后，什么样的长期回报率预测是合理的）。

两种风险：

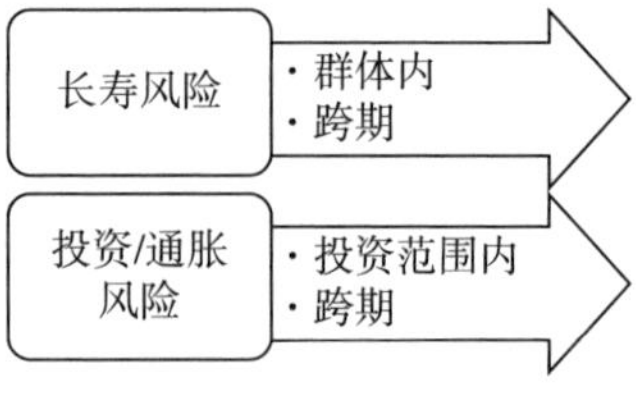

图 5.1　应予考虑的养老金风险

资料来源：KPA 咨询服务公司（KPA Advisory Services Ltd.）。

可以说，第三步是最具挑战性的。图 5.1 强调了一个重要的问题：寿命风险和真实回报率风险既具有群体内 / 时间区间内的维度，也具备跨期维度。群体内 / 时间区间内的风险很容易集合并分散化，而跨期风险则不然。

代际公平

至关重要的一点是，要做到跨期集合共担风险很困难。人们经常提出这样一个论点，传统的待遇确定型养老金计划能够把跨期的长寿风险（换句话说，所有受益人都活得比预期长的风险）和跨期的真实回报风险（也就是说，真实回报在很多个时间段都低于预期的风险）集合共担。人们坚信的这些待遇确定型养老金计划的重要有利特征在逻辑上和事实上都是站不住脚的。从逻辑上看，下一代人一直都不在待遇确定型养老金计划的谈判桌上。因此，他们一直都无法为自己的利益发声。结果，在待遇确定型养老金计划中，下一代人往往承担了剩余风险，却没有因这一“特权”而获得任何补偿。

事实证明了这一逻辑。我们来看图 5.2。这张图展示了美国一家典型的公共部门的待遇确定型养老金计划的积累率在过去二十余年间的时间路径。还记得在 20 世纪的最后十年中，我们是如何谈论着我们已经跨入养老金计划的“新纪元”吗？在 20 世纪末，大部分待遇确定型养老金计划的积累率都远超 100%。我们有没有把这些资产负债表的盈余用作应急基金，来度过未来几年的收入不足难关呢？没有。我们把这些盈余花在了增加福利和暂停缴费上。难道这不是一个享受过高的经济增长率和股票市场回报率的新时代吗？难道承担更多的风险不等于获得更高的回报吗？

正在发生的代际风险不对称问题：典型的美国公共部门待遇确定型养老金计划积累情况。

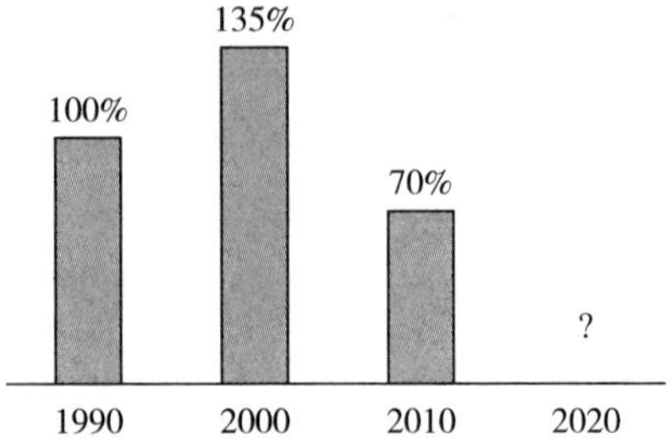

图 5.2　代际公平问题

资料来源：KPA 咨询服务公司。

十年以后，我们知道了，这些在世纪之交提出的反问句的答案都是“不”。除了这些严峻的经济现状，现在，保险精算师们还羞愧地承认他们长期以来都低估了退休人员寿命的增长。所以如今我们还在探索一剂良方来把美国公共部门待遇确定型养老金计划的积累率从现在的 60% ~ 80% 变回到一整代人（即二十多年）以前的 100%。考虑到里奇和麦克尼什详述的“第三条轨道”问题，当今的许多领导人都在持续寻找易行的解决之道。我们把存在资金缺口的债务的摊销时间延长到 30 年，把风险的警戒线提升得更高，并且报以最美好的希望吧。请注意，所有这些“解决方法”实际上都再一次把难题留给了下一代。

未来何去何从

鉴于当前众多公共部门的待遇确定型养老金计划面临的匮乏窘境，政界激进右翼人士想要完全废除这种养老金管理模式是不足为奇的。但这将是一场悲剧。我们同意里奇和麦克尼什所言：“亡羊补牢，为时未晚。”

在我看来，想弥补这些缺陷，首先要摒弃无用的待遇确定型养老金计划 / 缴费确定型养老金计划这种说法。英国、荷兰、丹麦和澳大利亚的政治领袖已经开始这样做了。他们现在的说法是“期望确定型养老金计划”（defined-ambition pension plans，DA）。北美的领导人倾向于使用“目标待遇确定型养老金计划”（target benefit pension plans，TB）这个词。大家在热烈地讨论如何最好地设计和执行期望确定型 / 目标待遇确定型养老金计划。我们认为，一个好的期望确定型 / 目标待遇确定型养老金计划有五个重要特征：

1. 一个目标收入替代率：退休后需要多少收入来维持适当的生活标准？

2. 一个目标缴费率：考虑到工作年限、寿命和真实的投资净回报率这些现实的假设，应该留出多少钱来实现养老金的目标？

3. 没有代际财富转移：要检验养老金的设计是否符合代际公平。

4. 长期的财富创造能力：养老金管理机构有能力通过良好管理的长期投资项目来获取并生成健康的多期现金流（例如，股利、租金、通行费的现金流）。

5. 保障支付安全性的购买能力：养老金计划参与人能够以合理的价格获得终身支付的收入流。

此外，养老金管理机构为计划参与人设计了一个默认选项。养老金计划的缴费会自动进入长期财富创造项目中个人拥有的部分，直到参与人达到一定年龄（比如 50 岁）。达到该年龄后，参与人开始在剩余的工作年限中缓慢地投资于保障支付安全性的投资工具。养老金管理机构具备优异的财务规划能力、沟通技巧和基础架构来引导参与人度过财务生命周期。

•

一个美国的例子：一家大型的期望确定型养老金系统。

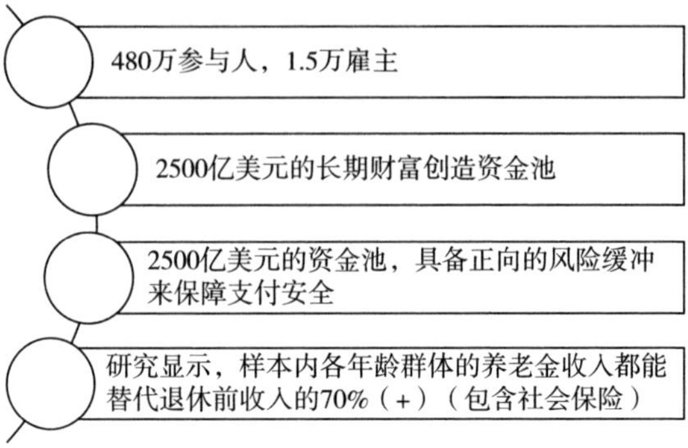

图 5.3　一家期望确定型养老金计划的交付机构

资料来源：KPA 咨询服务公司。

华盛顿演讲以一个期望确定型 / 目标待遇确定型养老金计划的管理机构实例结束，如图 5.3 所示。这个例子与一家美国真实的大型行业养老金计划 / 管理机构非常相似。该机构依据上文论述的五个关键的期望确定型养老金计划的特点成功地运行了六十余年。值得注意的是，通常情况下，当我们问道“你知道这家机构吗？”很少有人能正确地回答。你能吗[①]？

转变讨论的方向

当然，我们在本章中还没有讲到一个大家经常避而不谈的问题：如何实现。《第三条轨道》提到的三位养老金主人公亲身体验了说服退休人员和年长工作者的困难。为了养老金计划的偿付能力和代际公平，三位主角劝说这些人减少对传统的待遇确定型养老金计划的收入

① 美国教师退休基金会（TIAA-CREF）尽管与前文所述的“五个特征”不完全相符，但已经很接近了。

要求。在新布伦斯维克和罗得岛州的案例中，一触即发的破产已是无可争辩的事实，可能导致更严重的养老金收入降低。荷兰的案例采取了严厉的立法措施，从法律上要求养老金担保人准备足够大的资产池来确保支付承诺的养老金，而不用依靠下一代来买单。我们会持续要求众多领袖弥补现在的待遇确定型养老金计划和缴费确定型养老金计划的缺陷，并满足根本没有养老金的工作者的需求。

不可思议的是，在华盛顿演讲的后 20 分钟友好讨论中，没有人提到过一次待遇确定型养老金计划或缴费确定型养老金计划。更好的是，期望确定型养老金计划 / 目标待遇确定型养老金计划模式激发了与会人员的好奇心，他们也提出了一些很好的问题。也许将开启一场新的讨论。

第 6 章

待遇确定型养老金计划的支出和积累：分清事实与假象

没有在谈判桌上代表所有当事人利益的代理博弈是不完整的博弈。

——伍迪·布洛克（Woody Brock）

SED 公司客户备忘录（SED Client Memo），2013 年 8 月

我们需要与众不同的观点

本章的目标是促进渐进的、富有成效的关于养老金机制的支出与积累的讨论。这些讨论对于理清上一章提到的众多养老金改革面临的挑战有重要意义。根据传统思维，这些挑战的原因早已为人所知：人口老龄化、退休人员寿命延长、脆弱的经济、财政不平衡、令人失望的退休储蓄回报等。遗憾的是，传统思维无法解决养老金目前存在的财务问题，诸如储蓄率不足、投资政策混乱、积累的资产不足以偿付累积的负债等。

解决这些问题需要与众不同的观点。一个很好的例子就是伍迪·布洛克基于博弈论的观察发现：在养老金的博弈谈判中，如果一方当事人没有代表其利益的代理人，那么他很可能会吃亏[①]。一个相关因素就是模糊不清的产权。就像不完整的代理谈判会导致非对称的

① 参见布洛克2013年8月发表的“SED公司客户备忘录”。

养老金设计结果一样，没有完全界定的养老金产权最终也会引发对立的胜负冲突。

理论上讲，如果养老金谈判不是由懂行的、无利益冲突的代理人来代表所有关键当事人（包括未来的工作者和纳税人）进行，养老金立法和监管机构应禁止该类谈判。同样地，缺少全部重要当事人（包括未来的工作者和纳税人）的清晰产权的养老金规划，应该被视为违法的，不应准许其生效。在实践中，尽管受托人有公平和忠诚的义务，但这种显而易见的逻辑却极少得以实施。在美国，底特律破产案就是一个鲜明的例子，证明了没有清晰产权的不完整养老金合约会带来的后果。

完整的养老金合约

最简单的完整养老金合约就是缴费确定型养老金计划。雇主承诺将工资的一定比率存入每个雇员单独所有的退休账户中。在什么条件下待遇确定型养老金计划的合约是同样完整的呢？考虑下面这个简化的例子：福利是基于明确的累计公式（例如每年收入的 1.5%）和清晰的退休日期的（例如 65 岁）；并且完全挂钩通胀。

- 福利的成本估算和积累依据的是基于实际市场的、无风险的、真实收益率曲线以及死亡率统计表。该统计表保守地预测养老金计划参与人寿命的持续增长。
- 养老金计划的缴费投资于一个阶梯形的、无违约风险、挂钩通胀的债券组合。该组合要匹配累积的养老金负债的期限结构，从而使养老金的资产负债表免疫（资产与负债匹配）。

从金融经济学的角度来看，这份待遇确定型养老金计划的合约与前面的缴费确定型养老金计划的合约一样，都是完全清晰定义的。

计划参与人知悉累计公式的条款，并完全确定（至少在充满了已知因素和无法预知的未知因素的世界里，尽可能地完全确定）养老金合约的条款能够兑现。最大的未知因素可能就是雇主在未来数年中持续经营的能力。

不完整的养老金合约

我们可以依据上述简化的完整待遇确定型养老金计划合约来检验它们在哪些方面可能会不完整。可能最常见的不完整因素就是采取了冒险的投资政策，其期望资产回报率高于资产负债匹配的免疫策略所能得到的无风险回报率（后者基于现在的通货膨胀保值债券的真实收益率曲线得出，低于1%）。这种选择会导致两个问题：

1. 待遇确定型养老金计划的资产负债表面临资产负债错配的风险。这个风险是应该承担的。如果养老金合约没有明确规定谁来承担这一风险，那么该合约就是不完整的。

2. 可能会减少待遇确定型养老金计划的积累要求，并降低报告的总支付成本。这相应地引发了重要的问题：该计划是否会导致利益相关者的“事前”财产转移以及是否所有的利益相关者都得到了公平对待。

尽管上述两个结果都是显而易见的，但仍然有很多人不愿意认真检验这些后果。要求合约的完整性并不是说退休储蓄永远都不应该承担投资风险。相反地，这意味着应该清晰地说明投资风险应怎样承担、由谁承担。

无风险套利测试

为了检验一份金融合约的公平性，金融经济学家设计出一个无风险套利测试。原理很简单：一份金融合约要想公平，任何一方都不应具备操纵合约的能力，因为该能力会导致财富在无风险的基础上从一方向另一方转移。考虑如下的例子：

有两个一年期的投资：一个是无风险投资，提供 2% 的回报。另一个投资提供 4% 的期望回报，但有很多可能的结果，真实回报有很大的可能性会低于 2%。

一位雇主保证一年后支付 102 美元的养老金，现在就要积累这笔钱。在情况 1 中，雇主开了一张 100 美元的支票，把钱投资于无风险债券，该债券一年后支付所需要的 102 美元。在情况 2 中，雇主只开了一张 98 美元的支票，把这 98 美元投资于有风险的投资。这位雇主节省了 2 美元的养老金成本吗？这要看情况。

如果投资真的获得了 4% 或更高的收益，那么情况 2 的回答是"是"。如果没有这么高的收益呢？某人要来填补这个亏空。是谁呢？逻辑上讲，应该是这位在养老金积累中节省了 2 美元的雇主。节省的 2 美元能够弥补投资回报在 2% ~ 4% 的部分。

如果真实回报是 0% 呢？现在，原来的 98 美元在一年后还是 98 美元，而雇主需要自己出钱来补充 4 美元，这是 98 美元与所欠的 102 美元养老金支付之间的差距。而且更低的真实回报会导致更多的"自掏腰包"补偿。

如果现在的雇主和一年后的雇主都是同一个人（或同一群人），那么以上这些都是公平的。如果不是同一个人了呢？那么明年的雇主将要为今年的雇主所冒的风险买单。

你刚见证了一起正在进行中的无风险套利案例。在情况 2 中，第一年的雇主将 2 美元的雇佣成本转嫁到第二年的雇主身上，却没有承担任何风险（也就是说，他支付了 98 美元，而不是 102 美元）。这个简单的例子可以推广到很多方面。比如说，想一想跨时代运行的公共部门待遇确定型养老金计划。未来一代纳税人（以及处于风险共担计划中的工作者）在承担这样一种风险：现在的养老金计划是基于4%（甚至更高）的实际净回报率假设来积累的，然而未来却无法真正获得这一收益。

PERS 的案例

我2005年写过一篇案例研究，来帮助大家理解不完整的养老金合约存在的问题以及如何解决该问题。艾莉森·格林（Alyson Green）刚刚被任命为美国的公共雇员退休系统（Public Employees' Retirement System，PERS）养老金计划的首席执行官。起初，她欣慰地得知该计划是100%积累的，资产和负债都是500亿美元。但她并没有留意到，500亿美元的负债估算是基于4%的实际净回报折现率来计算的。该折现率符合PERS的60–40资产混合政策的历史回报率[①]。

随后她出席了罗特曼国际养老金管理中心的讨论论坛。该论坛的主题是PERS这类待遇确定型养老金计划的金融经济学。她从中学到的重要一点是，应用金融经济学的原理来计算PERS挂钩通胀的负债价值时，需要使用基于市场的通货膨胀保值债券收益率曲线。使用2%（即2005年的长期通货膨胀保值债券收益率）的负债折现率，而不是PERS近期大部分负债计算中使用的4%，这意味着什么？当荷兰养老金PGGM的代表在论坛上展示他们的新型资产负债管理模型时，她迅速地找到了答案：PERS的负债应该是740亿美元，而非500亿美元，而且PERS的积累率是68%，而不是100%。

① PERS案例研究参见罗特曼国际养老金管理中心（ICPM）的网站。

她的答案可以这样用文字来表达：PERS 预测的 4% 实际净回报率仅仅是众多可能的未来回报率中的一个点，而且这个点并不是必然发生的结果。500 亿美元的 PERS 负债计算与 740 亿美元的无风险计算之间相差 240 亿美元，这个差距可以看作消除资产负债表不确定性的成本。当没有人为这 240 亿美元买单时，谁来承担现在内含在 PERS 资产负债表中的业绩不达预期的风险呢？无论是谁，他们知道自己在承担这一风险吗？他们有得到承担风险的补偿吗？如果没有，那么这公平吗？

解决 PERS 的资产负债表问题

实际上，在艾莉森看来，让未来几代的工作者和纳税人在毫不知情的情况下承担这 240 亿美元的赌注，这一做法并不公平。她想知道怎样解决 PERS 的资产负债表问题。从历史上看，按照工资的 15% 来缴费的费率是由雇主和雇员平均承担的。如果缴费率增加到工资的 20%，雇主和雇员各自多支付 2.5%，会是什么情况？基于这一条和许多其他的假设，PGGM 模型预测了 PERS 未来 15 年的财务状况，然后把计算结果转化为现值。

表 6.1　　改进后的 PERS 资产负债表，完全担保的情况

（未来 15 年的缴费率为 20%）

资产	价值（亿美元）	负债	价值（亿美元）
现有养老金	500	现有负债	740
缴费	680	新增负债	710
赤字期权	320	盈余期权	50

资料来源：多伦多大学罗特曼国际养老金管理中心的 PERS 案例研究。

表 6.1 显示的结果说明，即便是如此高的缴费率增长也无法解决

PERS 的代际公平问题。未来 15 年累积的新负债的现值估计是 710 亿美元，然而新的缴费仅有 680 亿美元。因此，即使是 20% 的缴费率也不足以在无风险的基础上支付 PERS 未来的养老金福利。计算的期权价值表明：①要付给保险公司 320 亿美元来购买“看跌”期权。该期权能弥补从现在开始的 15 年内所有可能的资产负债表赤字；②未来 15 年内所有可能的盈余在当前的“看涨”期权价值是 50 亿美元。看跌与看涨期权价值之间的 270 亿美元差距是消除资产负债表不确定性的最新成本。

表 6.2　　改进后的 PERS 资产负债表，降低担保的情况

（未来 15 年的缴费率为 20%）

资产	价值（亿美元）	负债	价值（亿美元）
现有养老金	500	现有负债（不挂钩通胀）	450
缴费	680	新增负债（对累积和新增的福利实行有条件的通胀挂钩）	500
赤字期权	10	盈余期权	240

资料来源：多伦多大学罗特曼国际养老金管理中心的 PERS 案例研究。

艾莉森知道把缴费率提高到工资的 20% 以上是不可能的，她决定看一看降低养老金合约中内嵌的担保会产生什么影响。如果不光采取 20% 的缴费率，还把未来累积的福利的计算标准从退休前的收入改成工作生涯的平均收入，而且以资产负债表存在盈余为条件来决定是否根据通货膨胀来调整养老金支付，那么结果会怎样呢？表 6.2 的结果显示，如果把福利标准从退休前的收入改为工作生涯平均收入，并且仅在有盈余支付时才提供通货膨胀保护，那么 PERS 的资产负债表可以从 270 亿美元的赤字变成 230 亿美元的盈余。通过比较表 6.1 和表 6.2 的结果，我们可以看到降低担保在期权价值上产生的效果。未来的看跌赤字期权价值从 320 亿美元下降到 10 亿美元，而未来的看涨盈余期权价值从 50 亿美元提高到 240 亿美元。这样一来，未来几代的风险承担者会比现在这一代过得更好。这看起来也不公平。

进一步的思考

上述发现使艾莉森陷入更深入的思考：

待遇确定型养老金计划的安排远比她以为的更复杂。这类计划看起来就像错综复杂的谜题。为了平衡利益相关集团各自的利益，该类计划要使用缴费率和福利变化的动态集合，还要视其资产负债表的真实变化而定。

由于通常使用的折现率较高，一般情况下，大部分年轻一些的工作者、未来的工作者以及纳税人都会比年长一些的工作者、退休人员和现在的纳税人承担更多的风险，然而他们并没有得到补偿。在现在的大部分待遇确定型养老金计划中，这些人就是看跌期权的发行方。

养老金合约改革的方向是明确的：要转变为各种易于理解和解释的完整的合约，并且公平处理代际问题。最简单的办法就是把养老金计划变成前一章提到的某种期望确定型/目标待遇确定型养老金模型。

简化待遇确定型养老金计划的设计，并使之对年轻的和未来的工作者和纳税人来说更具吸引力，这是一项充满挑战的任务，因为人们总是觉得“理解原因对我没什么好处”。当前，待遇确定型养老金计划的利益相关者在财务上占有利位置，他们不会轻易放弃这一优势。

数以百计的养老金专家实际上在过去十年一直在就 PERS 案例讨论和争辩，他们得出了什么结论呢？大部分人认为 PERS 存在需要即刻关注的严重问题。原因有三：

1. 240 亿美元的缺口代表着目前内嵌于 PERS 系统中的风险。每个人都应该意识到风险的存在。

2. 养老金计划参与人可能会得到低于预期的收入或者缴纳高于预

期的支付款，这件事是相当可能发生的。必须披露这一事实。

3. 艾莉森·格林必须在她的第一次委员会会议上就大胆提出这些问题。推迟提出问题将会是一个战略性的错误。

然而，少数参与案例研究的人对该问题持较乐观的态度：

- ✧ PERS 并没有破产。还有时间来采取缓慢、慎重的办法来解决问题。
- ✧ 事情也许会变好。不必危言耸听。
- ✧ 积累目标低于累计养老金承诺支付额的经济成本（从而产生积累不足的风险），这只不过反映了雇主与雇员的薪酬协议中的一部分。也许可以用其他的报酬来抵消这一亏空。应该让所有人知道这一事实。

亲爱的读者，你觉得艾莉森应该怎么做呢？[①]

① 待遇确定型养老金计划的金融经济学详情，请参见巴德：“投资回报是如何影响养老金成本的？”，载于《金融分析师期刊》，2014年9~10月刊；以及安多诺夫、鲍尔、克里默：“养老基金资产配置与负债折现率”，载于社会科学研究网，2015年。

第 7 章

什么是期望确定型养老金计划：从一次国际研讨会上得到的结论

期望（Ambition）是一种做到或实现某事的强烈愿望，通常需要决心和辛勤努力。

——《牛津在线词典》

在鹿特丹举行的一场国际研讨会

前几章讲到，如果我们想设计和实施适应 21 世纪现状的养老金机制，就必须摒弃无聊的关于待遇确定型和缴费确定型模型的争论。这一转变正在发生，最近在鹿特丹伊拉斯姆斯大学举办的一场研讨会就是一个证据。除了荷兰人，还有来自澳大利亚、加拿大、瑞典、英国和美国的与会者。

荷兰的养老金智库——养老金、老龄化和退休研究网络（Network for Studies on Pensions，Aging and Retirement，NETSPAR）发起了这次活动。在将荷兰养老金体系的第二支柱从现在糟糕的“集合缴费确定型”结构，转变为不那么复杂且更加有效的期望确定型版本的过程中，该机构起着意见领袖的作用。为了使这场关于 21 世纪的期望确定型养老金计划的讨论更加丰富，NETSPAR 邀请了一个多国代表团参与这次研讨会。代表团成员都是位于多伦多大学罗特曼管理学院的国际养老金管理中心（ICPM）的支持者。本章总结了这次研讨会的亮点以及我对其关键结论的看法。

解决充足性 – 负担能力 – 安全性难题

研讨会的广泛共识是，过去的待遇确定型和缴费确定型养老金计划都出现了越来越多的问题。在缴费确定型计划方面，涌现了严重的充足性和安全性问题。例如，工作时的储蓄率是不是足够高，才能最终产生足够的养老金？谁来负责养老资金的投资？人们怎么做才能使其积累的养老资金覆盖整个退休生活？在待遇确定型计划方面，雇主增加了关于养老金负担能力的疑问，并且正在退出养老金风险承担者这一传统角色。

任何养老金机制都必然存在充足性 – 负担能力 – 安全性难题。承认上述事实为我们从新的角度看待这一难题打下了基础。如果迫于 21 世纪的现实，必须在这三个养老金计划都想实现的特征中做出明确取舍的话，谁最有资格来描述这些取舍究竟是什么？谁实际上在这些可能的取舍之间做出选择？谁在实施这些选择？ 21 世纪的养老金机构应该在解决上述问题中扮演怎样的角色？

世界银行在 1994 年的报告《避免老年危机》（*Averting the Old Age Crisis*）中，提议用三大支柱的框架来解决这些问题[①]。一般来讲，第一支柱是一国通用的、用税收来支付的部分；第二支柱是基于雇佣关系的、预先积累的部分；第三支柱是个人补充的退休储蓄部分。在此背景下，上文提出的问题与养老金机制的第二支柱（即基于雇佣关系的养老金）有关。一个相关但又不同的养老金设计问题是：什么是（应该是）一个国家公共的 / 通用的（也就是第一支柱）养老金机制？显然，在考虑充足性 – 负担能力 – 安全性之间的取舍时，我们应该把一国养老金机制的第一和第二支柱联合起来。比如说，如果一个国家的养老金第一支柱为公民提供相当于收入的 35% 的挂钩通胀

① 世界银行：《避免老年危机》，1994年。

的终身养老金，且该养老金数额有一定上限，那么该国在设计任何有效的养老金机制第二支柱时都要把这一金额作为重要考虑因素。

设计 21 世纪的期望确定型养老金计划

关于养老金设计的富有建设性的讨论从达成共识开始。例如，与会人员广泛认同养老金计划在设计时应该有一个明确固定的期望：保持个人或者夫妻退休后的生活标准。从新的角度看待养老金设计能够/应该如何解决不可避免的负担能力－安全性的取舍问题，是以这一共识为基础的。换句话说，养老金计划的负担能力的关键驱动因素是什么，关键的风险控制工具是什么，怎样才能最好地解决这两个天然相悖的因素？这一问题抓住了本次讨论的本质。起初出现了两种观点：

1. 负担能力因素应该在设计第二支柱养老金计划时起主要作用。这意味着强调退休储蓄的长期复合回报率。可以这么说，盎格鲁－撒克逊的与会者倾向于这一方向。

2. 安全性因素应该主导第二支柱养老金计划的设计。这代表着重视投资、通货膨胀、长寿风险的有效集合。这些因素是荷兰和北欧与会者最看重的。

在接下来的时间里，上述初始观点开始变得柔和起来。支持“负担能力”的与会者开始更多地思考风险管理因素，而强调“安全性”的讨论者开始更多地考量在低利率环境下获得安全性所需要的负担能力。

多次出现的一个有关设计的问题是，个性选择在养老金设计中合适的程度。尽管完全的个性化是不可能实现的，但“一刀切”的做法也同样是无法奏效的。在这两个极端之间的某一点很可能是最好的选择。QSuper 首席执行官罗斯玛丽·维尔根（Rosemary Vilgan）以自家公司的实例阐明了上述所有观点。

QSuper 的故事

QSuper 为澳大利亚昆士兰州的 54 万公共部门工作者和退休人员打理退休后的收入。它把自己对客户的受托责任定义为监管“退休资产的积累以及退休资产在整个生命周期中转化为退休收入的过程”。它现在的资产为 700 亿澳元。在历史上，和其他澳大利亚的超级基金一样，QSuper 用标准的权益－债券资产混合方法来管理缴费确定型养老金计划，90% 的计划参与人默认使用这种方法。澳大利亚的超级基金通过定期发布业绩“名次表”来互相竞争，“名次表”会显示主要基金的投资回报。

几年以前，QSuper 意识到，对计划参与人的受托责任在 21 世纪有了新的解读，他们的行为和服务已经落后于受托责任了。他们开发了一个多年期的转变计划，包含下面五个关键要素：

1. 从传统的“一刀切”模式转型为根据参与人的年龄等因素来考虑个体需求差异的模式。随着参与人年龄的增长，其养老资金投资于安全资产的比例会自动提高，同时这些资产的久期也会下降。

2. 向为参与人提供养老金目标和定期投资进度报告的方向转变。定期报告会显示出参与人在实现退休后养老金目标的过程中已经积累了多少资产。为参与人提供工具和建议来协助他们实现自己的目标。

3. 在参与人签署文件阶段，扩展他们的选择，包含一个购买寿命过长的保险的权利。

4. 根据机构对长期的资产定价条件和其他相关社会经济因素的最佳专业评估来动态调整养老金设计的默认配置。

5. 重新设置资产管理计划，专注于公开和私募市场上的长期财富创造。不再参与超级基金之间的短期业绩排名竞赛，就是一个转型的标志。

总而言之，上述五个主动改变使 QSuper 毅然向澳大利亚市场上最先进的 21 世纪期望确定型养老金计划管理机构转型。在此过程中，该机构的商业模式将从由机构需求来决定如何设计提供给参与人的服务，转变为参与人的需求决定机构的设计。

»» PFZW–PGGM 的故事

荷兰养老金的设置与澳大利亚形成了有趣的对比。在这两国，强制的第二支柱养老金计划都是积累型的，两国也都在向期望确定型模式转变，然而他们的方法截然不同。历史上看，澳大利亚原来是缴费确定型模式，而荷兰是待遇确定型模式。80 年代和 90 年代的待遇确定型模式逐渐演变为集合缴费确定型（collective DC，CDC）模式，在互联网泡沫破灭后仅剩下微不足道的保障资金。剩余的保障资金在全球金融危机中消耗殆尽，引发了一场全国性的争论，大家都在讨论在集合缴费确定型模式之后，荷兰的第二支柱养老金计划应该如何设计。罗特曼研讨会明确指出，尽管是以“期望确定型”为方向，大家还没有就如何设计达成共识。

这次讨论显示出，荷兰愈发认识到第二支柱养老金计划需要把重点从安全性转移到负担能力上来。PFZW–PGGM 的故事充分说明了这一事实。医疗福利养老金（Pensioenfonds Zorg en Welzijn，PFZW）负责打理荷兰医疗领域的 260 万职工和退休人员的退休后收入需求。现在其资产为大约 2000 亿美元。PGGM 在 2008 年从 PFZW 分离出来，为 PFZW 提供投资、养老金管理和交流沟通服务。以下三条行动展现了 PFZW–PGGM 在过去数年的思考中出现的转变：

1. 在 PFZW–PGGM 同参与人、其他利益相关者、政策制定者的各种交流中，增加“期望确定型”这一词语的使用。这些沟通传达了该机构的理念：一个良好设计的期望确定型计划是有负担能力的、公平的、挂钩通胀的，在面对未来的社会经济震荡时是可持续的，并且能提供给参与人清晰的产权。这些交流也清晰地说明了期望与硬性保障之间的本质不同。

2. 更加重视满足个体参与者的需求以及建立信任。这是通过为参与人提供多媒体互动信息、制定养老金计划的选择来实现的。这些选择是根据深入的参与者调查和行为经济学研究结果设计出来的。

3. 投资计划转向长期的财富创造和可持续性方向。这是一个持续多年的项目，首先需要规划出参与人对负担能力的需求，PFZW 董事会有责任确保这个 2000 亿美元资产组合的投资符合这些需求。该机构的投资架构反映了上述转变，清晰地表达了 PFZW 在投资政策、执行实施、对有效治理和控制的相关要求方面的理念和原则[①]。

尽管上述三点尚在进行中，但 PFZW–PGGM 选择的方向是非常清晰的。它意欲领导荷兰 21 世纪期望确定型养老金计划的设计和执行。和 QSuper 案例一样，这意味着商业模式从由机构需求来决定如何设计提供给参与人的服务转变为参与人的需求决定机构的设计。

展望未来：21 世纪的三个挑战

我在本次研讨会上的贡献是，鼓励与会者在表达我们面对的养老金挑战时，使用综合的“兼容并包”，而不是直接的“非此即彼”思维方式。在这种表达的基础上，我们提出以下三个需要持续关注的“兼容并包”的挑战：

① 关于该项目的详情参见雅普·凡·丹：“从头开始反思投资：PFZW和PGGM是如何应对这一挑战的”，载于《罗特曼国际养老金管理期刊》，2014年春季刊。

1. 养老金设计的挑战：在兼顾负担能力和安全性这两个相反的需求的同时，听取爱因斯坦的劝诫“凡事力求简单，但不要过于简单。”要为参与人设计出基于生命周期的转化路径。随着人们从工作走向退休阶段，前期强调负担能力，而最终更注重安全性。设计这些路径时应该考虑到第一和第二养老金支柱联合支付的金额以及行为经济学的研究结论。

2. 养老金治理的挑战：兼顾对理事会的合法性以及理事会的战略思考能力的需求。合法性要通过理事会成员的代表性来体现，而战略思考能力则要求联合的技能 / 经验集合。从历史上看，选举理事会成员更看重代表性，而不是技能 / 经验。这要靠指定的利益相关群体之间的相互协定来改变。实现这一点的关键工具是一个简单的理事会技能 / 经验矩阵，该矩阵要得到所有利益相关群体的认可。

3. 养老金投资的挑战：兼顾计划参与人的负担能力和安全性这一对相反的需求，需要两个不同的投资计划，一个关注于负担能力目标，另一个聚焦于安全性目标。前者的重点是长期的财富创造，通过在公开和私募市场上获取和产生长期现金流（例如，股利、租金、通行费）来实现，是关乎每个参与人个体账户的，而且没有担保。后者的重点是找到有相似久期的安全资产来匹配承诺的养老金支付金额以及将寿命过长的风险集合共担。

回顾彼得·德鲁克的著作《看不见的革命》。他认为战后婴儿潮一代将养老金设计和管理存在的问题推向了世界舞台的中心，这自然会引发许多深刻的问题，而这些问题并没有显而易见的答案。我们需要创造性思维来解答这些深奥的问题。这次 NETSPAR-ICPM 研讨会有力地证明，在应对养老金设计、治理、投资的挑战时，创新性思维的确在日益涌现。

第 8 章

什么是目标待遇确定型养老金计划，为什么要关注这一计划？

目标（Target）就是一个想要达到的目的。

——根据《韦氏词典》改编

为什么要关注目标待遇确定型计划

尽管欧洲人谈论期望确定型养老金计划已经有一段时间了，但这一名词还没有推广到其他地方。相反地，美国人和加拿大人开始讨论目标福利养老金计划（简称为 TB）。因为实践这些讨论为时尚早，目标待遇这个词对不同的人代表着不同的意义也就不足为奇了。这是一个问题。要想使关于目标待遇确定型计划的设计和价值的讨论有建设性，我们需要就目标待遇是什么以及不是什么达成共识。本章的目标是促进这一共识，从而引出关于养老金计划的整体设计的更具建设性的探讨。

我们从把“目标待遇确定型计划”这个词分成三个部分开始：计划、待遇确定、目标。“计划”一词在这里的含义是直接明了的。计划是为了产生退休后收入而采取的安排。

我们讨论的“待遇确定”是什么？

这是我们关于“待遇确定”的问题。可以用一个简化的例子来最好地回答这个问题：

- ✧ 假设一位普通的员工（约翰或珍妮特），工作了40年，每年的工资是6万美元，退休后的寿命是20年，每年需要4万美元来维持他/她退休后的生活标准。
- ✧ 假设每年有2万美元来自通常的第一支柱养老金机制（例如，根据不同的国家，有社会保险、老年津贴（OAS）/养老基金（CPP）等）。剩下的每年2万美元需要其他的来源。
- ✧ 在我们这个简化的例子里，这第二个每年2万美元是作为第二支柱的目标福利计划应该支付的福利。

从逻辑上讲，这一回答引出了下一个问题：第二个每年2万美元来自哪里？

为待遇确定融资

简单的回答是，这笔钱来自每年6万美元收入中储蓄起来的部分。需要储蓄多少钱来支撑20年的退休生活呢？这取决于退休储蓄是否做了投资以及获得了怎样的回报。考虑两种情况——0%和4%：

- ✧ 假设回报率是0%。珍妮特或约翰需要在退休时积攒40万美元来支付未来20个每年2万美元的需求。这意味着在工作的40年中每年储蓄1万美元，或者说是（大约）工资的17%。
- ✧ 相比之下，如果回报率是4%，约翰或珍妮特就只需要每年储蓄3千美元，也就是工资的5%。为清晰起见，我们假设退休前和退休后的回报率都是4%。难怪阿尔伯特·爱因斯坦（Albert Einstein）把复利称为世界第八大奇迹！

看过这些计算以后，我们接下来要理解的是目标待遇确定型计划这一词的“目标”部分。

目标待遇确定型计划中的“目标”是什么意思？

目标待遇确定型计划中的“目标”一词在形式上承认了目标待遇确定型计划融资计算的两个不确定性：第一，我们不知道珍妮特或约翰实际上会活多久；第二，我们不知道退休储蓄的回报率到底会是多少。所以目标待遇确定型计划的目标部分是理想的情况：如果关于约翰或珍妮特的寿命和回报率的期望真正实现了，这才是他或她会得到的待遇。

这个理想的因素引发了一个重要的问题：谁来承担因为期望与实际寿命不同、期望与实际投资回报不符而导致的资金短缺风险？这个问题有两种答案：一个基于过去的美好时代，一个基于当前。

- ✧ 在过去的美好时光中，雇主在传统的待遇确定型计划中承担了亏空的风险。在当时来看，这似乎是一件合理的事。劳动力相对年轻而且相似，经济增长稳健，投资回报很高，监管和财务披露要求比较温和。但是美好的旧时光一去不复返了。
- ✧ 当前的退休人口相对更庞大，劳动者的年龄增长而且没有那么单一，经济增长没有那么稳健，投资回报率有所降低，监管和财务披露要求更加严格了。

现在的雇主远没有那么乐于承担养老金的风险了。现在我们理解了目标待遇确定型计划中目标的真实含义。这帮我们清楚地看到关于目标待遇确定型的理想与现实之间的差别。现实情况是，未来的投资回报可能会低于预期，而寿命可能会高于预期，雇主不再愿意承担这些风险了。

珍妮特和约翰该怎么办？

如果雇主不再愿意承担第二支柱养老金计划内嵌的风险，珍妮特和约翰该怎么办呢？如何回答这一问题与你怎样看待世界有很大的关系。下面是两种可能的观点：

1. 如果你认为这个世上的珍妮特和约翰都是理性的、博识的人，提供投资和年金管理服务的市场是完善的、竞争的，那么符合逻辑的推论是他们能够自行解决这一问题。他们会做出如前文所述的计算，决定正确的储蓄率，选择正确的投资项目，他们至少能在适当的时机每年获得他们积累的退休储蓄中的一部分。

2. 有研究支持的另一种观点是，约翰和珍妮特并不总是符合经济学理论标准的理性人，也不像我们希望的那样通晓财务知识。这意味着，如果没有参与传统的承担所有风险的待遇确定型计划，珍妮特和约翰当然还可以利用一些帮助来确保得到每年 2 万美元的养老金，这是他们为了维持退休后的生活标准而额外需要的钱。

有三种可能的（非互斥的）帮助方式：第一，一个雇主（或多个雇主）、雇员、退休人员之间“风险共担”的养老金机制，通过雇主发起、联合发起或工会发起的目标待遇确定型计划来实现；第二，由商业金融服务行业设计和实施的特定雇主解决方案；第三，由政府及其机构设计和执行的集合解决办法。我们依次检验这几种帮助方式。

答案一：在单个 / 多个雇主情况下，风险共担的目标待遇确定型计划

在风险共担机制下，相对于传统的待遇确定型机制，计划参与人能够很明显地从雇主那里转移走一部分风险（可能还会转移走一部分成本）。根据前几章的逻辑，现在的问题是：多少风险（和成本）被转移走了？转移给谁了？对参与人的寿命和投资回报的未来期望和不确定性是基于怎样的假设形成的？目标待遇确定型计划的设计

对计划参与人[1]的不同风险容忍度是否敏感？各方的权益是否清晰？目标福利计划的受托人是否能够证明，他们对所有的利益相关者的利益一视同仁，做出的决策都是公平的？计划的设计中是否有参与人可以选择的条款？最后一个问题，普通的计划参与人是否能够理解该养老金机制？

前一章提到，荷兰人正在意识到，他们现有的风险共担集合缴费确定型计划并不满足上述测试。他们开始深入研究如何解决这些问题。在荷兰，越来越多的人一致认为，设计出一种满足上述测试要求的清晰度和公平性的风险共担机制是可能做到的。他们认识到，其中一部分解决方案就是把负责长期财富创造的投资和负责短期支付安全的对冲功能区分为不同的工具，并且随着参与人年龄的变化调整其在这两种工具中的参与程度。设计并转变成这种机制已经成为国家的头等大事[2]。

另一部分解决方案是，设计出一个能够有效地管理这种机制的养老金机构，并且很好地治理该机构。正如前文所述，德鲁克描绘的养老金机构具备独立的法律结构、强有力的治理和管理功能、合理的投资理念；机构有能力和意愿来吸引并留住一批能为养老金计划的利益相关者创造价值的专业人才。我们特意在这里使用“利益相关者”这个词。风险共担的养老金机制通常都有多个风险承担群体，这些群体有多种风险承受容忍度。

答案二：商业解决方案

提供投资和风险承担服务的大型商业机构有能力按照目标待遇

① 例如，年轻员工相对于退休人员。

② 我近期的一项研究涉及了这方面的讨论，题目是《把荷兰养老金系统提升到新的水平：局外人的观点》。

确定型计划的方向设计并执行有效的团体养老金机制。但是，我们要面对一个额外的挑战。成熟的卖方与不成熟的买方（想想约翰和珍妮特）之间的信息不对称问题会叠加起来，而且事实上商业机构有为其股东的资本产生足够的回报的职责。这些很容易形成对员工和退休人员来说高成本且不经济的养老金机制。

然而，如果雇主和监管层愿意努力的话，他们可以发挥关键的作用，来确保任何类似机制对他们过去、现在和未来的员工都是真正符合目标并且成本有效的。养老金和证券立法机构也可以扮演重要的角色。一个明显的例子是，他们可以要求商业机构清晰、明白地披露对所有参与人的收费情况以及该费用对未来养老金支付的潜在影响。

答案三：政府的作为

第二章中提到，在政府作为方面，近期最明显的举动就是在英国成立了 NEST（全国就业储蓄信托）。尽管有一个良好的开端，但 NEST 的管理层明确指出，前面还有很多挑战，包括还要登记数百万的员工、提高缴费率来确保收入替代的充足性、最终为 NEST 参与人的退休后阶段设计和执行一份有效且易于理解的资金支取方案[①]。

第二章还提到了安大略省的安大略退休养老金计划（ORPP）的倡议。该倡议为建立一个简单的、易于理解的风险共担养老金设计提供了机会，而且不会像现在这样，由于把福利的提高都整合进 CPP（加拿大退休计划）而产生纷繁复杂和模糊不清的问题。在我看来，如果 ORPP 像 NEST 一样，成为一个成本有效的退休储蓄计划，在实质积累了可供分配的 ORPP 资产时实现计划的资金支取细节，那么珍妮特

① 全国就业储蓄信托（NEST）近期宣称，他们为投资计划的资金使用阶段设计的“终身收入”取得了一定进展。

和约翰就能获得最好的服务。由于近期在联邦层面上自由党当选，这些想法很可能在全国推广。另一个想法是让加拿大的金融服务行业参与进来，开发一个可行的“如期－预算内”解决方案。第二章也讲到，许多美国的州政府正在研究这些目标待遇确定型计划设想。

那么目标待遇确定型计划究竟是什么？

本章从“目标待遇确定型计划是什么？”这个问题开始，经过所有关于该问题的讨论后，我们得出了什么结论呢？或明确或含蓄的结论就是，所有的养老金机制都是目标待遇确定型计划[①]。困难在于创建既适合珍妮特和约翰，也适合他们的雇主的养老金计划。

① 或者用欧洲人的说法，期望确定型计划。

第 9 章

设计 21 世纪的养老金计划：我们在进步

在缴费确定型计划的个体取向与风险共担的集合方法之间，迫切地需要找到一个更好的平衡……

——墨尔本美世全球养老金指数

（Melbourne Mercer Global Pension Index）（2013 年）

21 世纪的养老金设计

第 7 章和第 8 章探索了期望确定型与目标期望确定型养老金计划可能的含义。不论我们给养老金设计取什么样的名字，都隐含着两条信息，有两个特征始终值得特别留意：

1. 养老金计划如何使用退休储蓄的投资回报来实现养老金的充足性和负担能力。

2. 养老金计划如何终身提供退休后收入。

为了真实并清晰地理解这些信息，读者在第 8 章看到了珍妮特或约翰的例子。她 / 他在 40 年的工作生涯中每年收入 6 万美元，在预期的 20 年退休后生活中每年需要 4 万美元来维持生活标准。如果这每年 4 万美元的一半来自常规的第一支柱养老金，那么理想状态下，另一半来自一个有成效的、有效率的、基于雇佣关系的第二支柱养老金机制。所以特别来讲，关于第二支柱机制的两个重要问题是：

1. 约翰或珍妮特（以及 / 或者其雇主）需要在 40 年中缴纳多少钱，

才能使该计划在预期的20年退休生活中每年支付2万美元？

2. 有什么措施可以避免珍妮特或约翰在世时就花光了钱？

第一个问题的回答取决于退休储蓄的投资回报。如果投资回报是0%，第二支柱计划需要缴纳工资的17%这样昂贵的比例。如果投资回报是4%，就只需要缴纳工资的5%，这更容易承担。显而易见，使退休储蓄产生合理的高投资回报一直以来并且永远都会是养老金设计成功的一个关键因素。第二个问题的答案要根据是否存在风险共担机制来回答，该机制可以让约翰或珍妮特与其他计划参与人一起集合共担储蓄不足的风险。如果没有这样一个机制，珍妮特或约翰可能真的要降低他们退休后的生活标准才能防止在世时出现储蓄不足的问题。我们在本章会更加详细地探讨这两个养老金设计问题。

高历史回报率的幻景

标准普尔500指数和美国10年国债组合的50年（1965 ~ 2014年）年化名义回报率分别是9.8%和6.7%。这期间的年化平均通货膨胀率是4.2%，由此实现的年化实际回报率分别是5.6%和2.5%。对于传统的60–40资产组合政策，通过上述结果显然能够得出合理的名义回报率8.5%、实际回报率4.5%的假设。用这些回报率的假设又可以推导计算出能够负担的缴费率。这个缴费率可以在20世纪80年代、90年代和21世纪前10年积累到充足的甚至比承诺的更多的第二支柱养老金，来支付给像约翰和珍妮特这样的人。

本书传递的一个关键信息是，这50年实现的回报率并不是最好的尺子来估算未来50年的回报率。最根本的一点是，在过去50年间，大部分发达经济体经历的3%的国内生产总值真实增速和4%的通货膨胀率，根本不是未来50年的最好估计值。现在的人口和经济现状显示，更加合理的预期是 2% 的国内生产总值增速和 2% 的通货膨胀率。

那么股票和债券的回报率呢？第 4 章已经说明，而且第 20 章会进一步阐明，现在是 5% 的标准普尔 500 指数收益率，仅能在当前作为现实的长期实际股票回报率的估计值。然而，随着国内生产总值增速的降低和通货膨胀的走弱，我们实际上应该预期到更低的名义和实际债券收益率曲线[①]。根据经验法则，对于一个 60–40 资产组合来说，这些都意味着期望回报率会低于历史的名义回报率 8.5% 和实际回报率 4.5%。现在看来，名义回报率 5.5% 和实际回报率 3.5% 这样的期望更为贴近现实。

对积累与投资政策以及养老金计划设计的启示

养老金经济学的简单逻辑告诉我们，相对于历史实现的回报率，如果投资回报率的预期降低，就意味着要舍弃一些东西。一种可能是，现行的缴费率或投资政策很可能产生更低的或更迟的未来养老金。另一种可能是，如果未来还想维持现在的养老金目标水平，就需要提升缴费率或者需要资产组合政策以牺牲安全资产为代价，转而投资于更多的回报型 / 增长型资产。举例来说，在上述假设下，传统的 60–40 资产组合政策不得不转变为 80–20 组合来实现 4.5% 的期望实际回报率。

这个逻辑会导致两个问题：第一，我们应该怎样看待资产组合政策从 60–40 变成 80–20 所带来的风险影响？第二，在 21 世纪的养老金设计中，担保人能够 / 应该扮演什么角色？本能的反应是，80–20 的资产组合对养老金投资政策来说风险太大了。更为慎重的回答是，这取决于养老金合约的性质以及回报型 / 增长型组合的资产特性。如

① 例如，更可能长端的名义收益率是3.5%，实际收益率是1.5%。

果养老金合约规定，资产必须始终高于负债，那么80–20组合很可能是一个风险过高的资产组合政策。另一方面来看，如果不存在上述规定，而且如果回报型/增长型组合的资产能以利息、股利、租金、通行费等形式产生健康、持续的现金流，那么80–20组合很可能成为一个切实可行的长期投资政策。

基于本章阐述的现实情况，完全担保的第二支柱待遇确定型计划的风险承担者，有充分的理由坚持要求通过各种方式[①]把待遇确定型合约的性质变得更加灵活。前两章已经说明，把养老金计划称为期望确定型计划还是目标待遇确定型计划，只需因地制宜而已。

反思投资风险共担机制

表面上看，风险共担自然毫无疑问是一个好主意。事实上，并不总是这样。风险共担是好坏不一的。好的风险共担机制是公平的；坏的则不然。也许如今在养老金设计方面最大的争论就是，有代际风险共担机制的投资回报究竟是好的还是坏的。确切地说，这种安排是公平的还是不公平的？

我在第6章声明了我对这一问题的立场：尽管与投资回报相关的代际风险共担机制在理论上是公平的，在实际中肯定会产生不公平的结果。要想公平，就要保留“好时期”产生的盈余，来弥补“坏时期”的赤字。对这一原理最近的一次检验，是在20世纪90年代末期/21世纪早期。那个时候，20世纪80年代和90年代超乎寻常的回报经历给大部分待遇确定型计划带来了较大的盈余。

那些盈余有被储蓄下来，帮助待遇确定型计划度过接下来的互联网泡沫和全球金融危机这两段糟糕的时期吗？可想而知，并没有。

① 例如，有条件的通胀挂钩、混合型计划、更大程度的风险共担等。

伴随着受托人和专家对经济新纪元的高谈阔论，这些盈余都花在增加福利和降低缴费率上了。唯有独立的、有见地的、有非常强的规则制定和执行能力的机构才能保证代际投资风险共担机制的公平。

既然没有上述睿智、强大的规则制定/执行能力的机制，一个更好、更简单的做法是，为计划参与人管理回报型/增长型的养老金资产池，作为长期可持续的财富创造投资计划，不附加任何代际风险共担或偿付能力测试协议。未来想获得期望的回报，已经指望不上安全型资产了。用这些回报型/增长型资产池产生足够的收益，成为前所未有的迫切需求。

重新思考长寿风险共担机制

与投资风险共担相反，将寿命长于预期的风险集合共担更容易成为好的办法。为什么呢？因为这个办法能够建立公平的机制，所有支付安全/长寿风险共担机制的参与人都同意缴纳数额确定的资金，并通过个人资金账户持续拥有该笔资金。不过，这种支付安全/长寿风险共担机制还有一个“附带交易”：在一位参与人去世的情况下，他/她的个人账户中的剩余资金或者至少是剩余资金中的相当一部分，会在仍然在世的参与人账户中重新分配。因此，仍然在世的参与人在这个共担机制中收到两种定期回报：投资回报以及生存回报。

投资人在支付安全/长寿风险共担机制中获得的投资回报是显而易见的：这是在评估周期内，投资组合（很可能是低风险的）回报中属于他们的份额。生存回报来自于资金重新分配的附带交易。这部分回报依据公式来重新分配给还活着的参与人。公式基于①他们在共担机制中持有的资金量以及②参与人的死亡率，死亡率根据年龄、性别、其他可能因素而不同。这样做的结果是一个公平的资本转移机制，资金从已故的参与人转移到活着的参与人手中。对于生存时间远超预期寿命的参与人来说，他们收到的大部分退休收入都会来源于生存回报这一组成部分。

荣誉要给予应得之人，我在此感谢戴维·诺克斯（David Knox）、兰斯·博文伯格（Lans Bovenberg）、唐·埃兹拉（Don Ezra）与我分享并讨论他们的想法。他们的思想精髓是，长寿风险可以有效地集合共担，不必使用传统的终身年金机制，该机制有风险资本要求和监管、分配成本。在支付安全/长寿风险共担机制下，参与人一直对他们缴纳的资金有清晰的产权。在此之上增加的是上文提到的长寿风险共担特性[①]。

更新丁伯根的养老金模型及其应用

本章更新了我们已经提倡了10年的21世纪养老金模型。长期以来，这一模型有多个名字，基于第一章阐述的原因，最新的名字是丁伯根养老金模型（The Tinbergen Pension Model）。其关键特点是养老金设计的“双目标－双工具”原则：①回报型/增长型工具，在延长的时期里产生可持续的高回报；②支付安全/长寿风险共担工具，终身提供可预计的退休后养老金支付流。本章传递的重要信息是，设计支付安全/长寿风险共担工具，不需要把积累的退休储蓄转化为不透明的、很可能昂贵的、不灵活的终身年金。

在本章结束之际，我们回到这一问题上来：更新版的丁伯根养老金模型如何最好地帮助珍妮特和约翰实现他们的退休财务目标。假设他们会完全靠自己来解决问题，这是不现实的。举例来说，必须决

---

① 欲知上述想法的详细内容，请在线搜索MERCER LIFETIMEPLUS。也可参考勃文伯格和尼基曼：《具备风险共担机制的个人养老金》，NETSPAR，2015年。

定第二支柱养老金目标并估算成本。必须设计一条自动默认积累 / 支取的路径，还必须设计一种定期通知参与人，相对于他们的目标已经积累了多少资产的信息披露方案。如有需要，这一方案还应该提供如何重归正轨的建议。

那么，谁将成为约翰和珍妮特的合伙人，用这一养老金模型帮助他们呢？前一章提到了三种（非互斥的）可能：

1. 单一或多个雇主情况：有充足的规模和动力的话，一个单一的雇主或工会能够发起这种养老金计划。在更广泛的层面，私有和公共部门的雇主 / 雇员群体也能把养老金设计转向这一方向。这些群体可以根据行业或地域来分组。有迹象表明，荷兰和澳大利亚的多雇主养老金计划实际上已经在这样做了。

2. 商业金融服务提供商：商业金融服务行业明显缺乏兴趣来引领创新性的思维，从而把我们在文中描述的这种支付安全 / 长寿风险共担工具附加在他们提供的传统固定缴费计划上。这很令人吃惊。美世主动提出的 LIFETIMEPLUS 计划显示，这一状况正在改变。

3. 国家 / 地区政府的行动：幸运的是，国家 / 地区政府部门已经在开展行动了。其中一例就是前面章节提及的英国全国就业储蓄信托（NEST）。结果是，英国数以百万计没有第二支柱养老金计划的工作者如今已经拥有或者即将拥有一个这样的计划。安大略的安大略退休养老金计划（ORPP）也使其参与员工得到了类似的待遇。这一行动很可能在加拿大全国推广。最后，在美国的国家和州层面上也能看到这些类型的行动。

本书这一部分的写作目的是表明，21 世纪的养老金设计这一主题一直被广为谈论，而且在很多方面确实取得了进展。你尽力了吗？

第三部分

养老金治理

治理涉及某一项共同事业的参与者之间相互作用和决策制定的过程。其正式程度取决于组织的内部规则。

——马克·贝维尔《治理：一个简短的介绍》（2013年）

第 10 章

当前养老基金治理效果如何？——最新调查结果

我们需要从长期投资方案转向行动……首先，我们需要解决金融机构的治理问题。

——经济合作与发展组织（OECD）秘书长安吉尔·葛利亚（Angel Gurria）

关于治理的一项最新调查

正如经济合作与发展组织秘书长安吉尔·葛利亚所指出的，有效的金融机构离不开有效的治理。这一现实情况促使我在大约 25 年前就开始参与养老金治理方面的研究。本章总结了我与约翰·麦克劳林（John McLaughlin）合作完成的有关养老基金治理的最新研究发现[①]。该研究项目的启动始于 2014 年年中向全球主要养老金机构的 180 位首席执行官发送调查问卷。两个月后我们对 81 份已完成的调查问卷进行分析，将本次调查的反馈意见与针对同一调查问卷分别在 1997 年和 2005 年收集到的反馈意见进行对比。在公布新的研究发现之前，本章将先扼要概述自 1992 年以来的早期研究成果。

① 完整的研究课题为《*How Effective Is Pension Fund Governance Today? And Do Pension Funds Invest for the Long-Term? Findings from a New Survey*》，2015年1月。可通过 KPA Advisory Services（KPA 咨询服务公司）的网站访问。

关于养老金治理的早期研究成果

两位人类学家威廉·欧巴尔（William O' Barr）及约翰·康利（John Conley）在1992年因为其著作《财运和愚蠢：机构投资的财富及权力》（*Fortune and Folly: The Wealth and Power of Institutional Investing*）引起了轰动[①]。通过对美国9家主要的养老基金长达两年的观察，他们得出的结论是：比起良好的治理及为基金的利益相关者创造价值，基金似乎更专注于责任转移及过失管理。这一观察到的现象十分符合凯恩斯于1936年发表的关于投资委员会的评论——“世俗的智慧教导我们，以常规的方式失败，比起以非常规的方式成功，对声誉更为有利……”[②]

我曾在1995年参与一项研究，对来自美国养老基金的50位高层管理人员进行了走访调查，调查内容是评估所在机构的不足之处。换言之，如果能从内部去除阻碍机构变得优秀的已知壁垒，机构的长期投资业绩会被提升多少？调查结果的中位值为66个基点。当被要求指明不够优秀的原因时，受访者最频繁提及的是决策流程不畅、资源匮乏以及使命缺乏重点、不够清晰[③]。克拉克（Clark）等人在英国的研究（2006和2007）及克拉普曼（Clapman）等人在美国的研究（2007）证实了很多养老金机构正面临这些挑战[④]。

---

① O' Barr and Conley（1992），*Fortune and Folly*：*The Wealth and Power of Institutional Investing*，Irwin Books.

② Keynes（1936），*The General Theory of Employment*，*Interest and Money*，Chapter 12，Palgrave Macmillan.

③ Ambachtsheer，Boice，Ezra，and McLaughlin（1995），“Excellence Shortfall in Pension Fund Management：Anatomy of a Problem，”，作者未经发表的文章。

④ 参见克拉克等人的研究（2008），“Best-Practice Pension Fund Governance，” *Journal of Asset Management*。还可参见克拉普曼（2007），“Model Governance Provisions to Support Pension Fund Best-Practice Principles，” Stanford University Law School。

克拉克和厄温（Urwin）的一篇发表于《罗特曼国际养老金管理期刊》（Rotman International Journal of Pension Management，简称RIJPM[①]）的文章围绕养老金机构的理事会提出以下主要观点：

- ✧ 在设计有效的理事会治理架构方面，对人类行为及认知偏差的理解十分重要。
- ✧ 理事会成员必须是友好合作的，有代表性，并集体承诺会理解并适当平衡利益相关者的权益。
- ✧ 现实中，理事会经常为被忽视了的个人决策风格方面的差异所困扰，无法专注，并陷入必须应对的一系列问题之中。
- ✧ 在此背景下，理事会主席的角色至关重要。主席必须确保利益相关者的期望与机构的文化、战略规划及机构如何实施这一战略规划之间存在明确的关联。最为重要的是，主席必须受人爱戴。

同期刊登的另一篇由安集思、卡佩勒（Capelle）和卢姆（Lum）撰写的文章[②]介绍了关于养老金治理的一项调查，作者们最初在1997年开展了此项调查，并在2005年再次开展调查。接下来将介绍该文的主要发现及结论。

》了解养老金的治理漏洞

该项调查向养老基金的首席执行官提出了两个开放式问题：一个是有关理事会的工作重点，另一个是有关养老金机构的工作重点。该项调查还要求受访者对有关所在机构治理、管理及运营效能方面的

① Clark and Urwin（2008），"Making Pension Boards Work：The Critical Role of Leadership，" *Rotman International Journal of Pension Management*，Fall.

② Ambachtsheer，Capelle，and Lum（2008），"The Pension Governance Deficit：Still With Us，" *Rotman International Journal of Pension Management*，Fall.

45 条陈述进行排序。他们被要求按照自己对每一条陈述的赞成 / 不赞成程度进行打分，赋值区间从 1（完全不赞成）到 6（完全赞成）。针对每 一条陈述，得到的分值越高，意味着受访者感知到的有效性越高。这项调查所针对的群体是在类型、规模及地域方面各异的养老金机构，在 1997 年和 2005 年分别收集到 80 份和 81 份反馈。

表 10.1 列示了在 2005 年调查中首席执行官关于理事会及管理层各自工作重点的反馈结果。他们认为理事会治理的重大挑战主要集中在三个领域：代理 / 环境问题、理事会有效性问题及投资 / 风险管理问题。而管理层面临的最大挑战是战略规划及其执行。表 10.2 给出了有关这四大挑战领域更为详细的内容。需要注意的是，一方面这四大领域彼此独立，另一方面它们同为有关养老金治理及管理的一个更大谜题的重要构成部分。这四大挑战领域围绕着以下问题展开：

✧ 养老金理事会对他们所监督的养老金合约及监督职责所涉及的忠诚、公正信托责任有多了解？

✧ 理事会是否了解在实现已明确达成共识的机构目标方面理事会治理与管理层职责之间的差别？针对战略及其实施，理事会提出的问题是否能够切中要害？

✧ 机构是否已经形成一套明确的、理事会及管理层均了解并且坚信的投资理念？不同利益相关者各自所承担的风险是否清晰？

✧ 机构是否拥有必要的资源来实施其战略规划？如果不是，遇到的障碍是什么，并且计划如何扫除障碍？

表 10.1　养老基金监督及管理：真正重要的是什么？

问题	反馈意见比例
1. 监督方面最重要的问题是什么？	
a. 代理 / 环境问题	44%

续表

问题	反馈意见比例
b. 理事会有效性问题	36%
c. 投资理念 / 风险管理问题	20%
2. 管理方面最重要的问题是什么？	
a. 战略规划 / 管理有效性	73%
b. 代理 / 环境问题	15%
c. 投资理念 / 风险管理问题	12%

资料来源：《罗特曼国际养老金管理期刊》，2008 年秋季刊。

表 10.2　　养老基金治理及管理：具体挑战

挑战及相关任务
1. 代理 / 环境问题
a. 平衡利益相关者的权益
b. 了解法律 / 监管环境
2. 监督有效性问题
a. 适合理事会的技能 / 知识
b. 对管理层的明确授权
3. 投资理念 / 风险管理问题
a. 了解基于环境的风险及其管理
b. 明智的投资理念及其相关性
c. 转向基于风险预算的投资流程
4. 战略规划 / 管理有效性问题
a. 资源规划、机构设置及薪酬
b. 来自理事会的明确授权
c. 有效的信息技术系统

资料来源：《罗特曼国际养老金管理期刊》，2008 年秋季刊。

45 条陈述的评分结果印证了这些问题的相关性及重要性。表 10.3 对比了 1997 年和 2005 年调查中分别得分最低的 6 条陈述。需要注意的是，这些陈述基本一致，并且与理事会有效性问题直接或间接相关。尤其是，它们指出了选拔及评价理事会成员方面的困难、对管理层缺乏有效授权、吸引并留住高端人才方面的困难。

行动建议

基于上述发现，这篇文章提出可以从以下六个方面来填补之前指出的治理漏洞。在21世纪第一个十年的中期，很多养老金机构仍旧存在这些漏洞：

1. 重新设计养老金合约，解决现有的不完整、过度复杂以及/或者不公正方面的问题。这通常不是理事会自己就能完成的，但他们的观点很可能会被合约当事人认真听取。

2. 创建一个理事会成员的技能/经验矩阵来反映一个现实状况，即尽管养老金理事会需要被视为有代表性且因而具有合法地位，但这仍然不够。理事会还必须具备必要的集体技能和经验，从而成为一个有效的治理主体。

表 10.3　分别在 1997 年和 2005 年调查中得分排序最低的 6 条称述

排序	1997 年	2005 年	排序
40	所在机构的薪酬水平有市场竞争力	所在机构的薪酬水平有市场竞争力	40
41	理事会在评估单一投资经理或投资项目上没有花费精力	理事会在评估单一投资经理或投资项目上没有花费精力	41
42	理事会定期检查并改善自身有效性	理事会定期检查并改善自身有效性	42
43	基金在选拔、任用及中止任用理事会成员方面的流程有效	我有权留用和开除投资经理	43
44	我有权留用和开除投资经理	基金在选拔、任用及中止任用理事会成员方面的流程有效	44
45	基于业绩的薪酬是组织架构设计的重要组成部分	基于业绩的薪酬是组织架构设计的重要组成部分	45

资料来源：《罗特曼国际养老金管理期刊》，2008 年秋季刊。

3. 发起理事会自评来识别并解决薄弱环节。

4. 确保明确理事会及管理层各自角色，因为角色不明确将导致机构内部出现管理缺口、承受压力并遭受极大挫折。

5. 在整个机构内部强调高绩效导向，并确保有必要的人力及技术资源支持将愿望变为现实。

6. 将理事会有效性纳入监管要求，因为对于养老金的监管方而言，要求养老金机构每年披露为确保治理有效性所采取的措施是一件非常简单的事情。

由这篇文章所引出的一项重要成果是于 2011 年创建的针对养老金机构及其他长期投资机构的为期一周的罗特曼国际养老金管理中心理事会有效性项目（“Rotman-ICPM Board Effectiveness Program，简称 BEP）”。项目课程安排涵盖了之前列出的六个方面行动建议。在撰写本书时，该项目已经举办过七次，来自 12 个国家、67 家机构的 229 位学员完成了相关课程[①]。

对 2014 年调查及受访者的描述

表 10.4 比较了在 2014 年调查中反馈的机构与之前在 1997 年和 2005 年调查中反馈的机构。需要注意的是，相比 1997 年及 2005 年调查的机构群体，2014 年调查的机构群体规模更大、企业比例更低、地域分布更广[②]。资产合计金额达到约 50 万亿美元。图 10.1 表明完成调查的受访者通常是资深的、在机构长期任职的高管。

---

① 可以访问https://www.rotman.utoronto.ca/ProfessionalDevelopment/Executive-Programs / CoursesWorkshops / Programs / Pension-Management.aspx了解更多信息。

② 表10.4中的“其他”类别包括多雇主养老金计划、工会养老金计划、受托管理人以及特殊目的机构，例如劳工保险公司。

2014 年调查关于治理的发现

早期的 1997 年及 2005 年调查列出了关于所在机构治理、管理及运营效能的 45 条陈述。2014 年调查则缩减为 23 条与治理效能直接相关的陈述。在接下来的分析中，针对同样的这 23 条陈述，会将 2014 年调查的反馈结果与 1997 年和 2005 年调查的反馈结果进行比较。

表 10.4　关于 1997 年、2005 年及 2014 年调查中反馈群体的统计数据

调查对象	1997 年	2005 年	2014 年
受访者人数	80	81	81
美国	54%	44%	29%
加拿大	46%	41%	28%
欧洲		11%	31%
亚洲、澳大利亚、新西兰		4%	14%
公共部门	24%	41%	60%
企业	63%	38%	19%
其他	14%	21%	21%
机构规模的中位数(以十亿美元计)	2.1	3.7	22.7

资料来源：KPA 咨询服务公司。

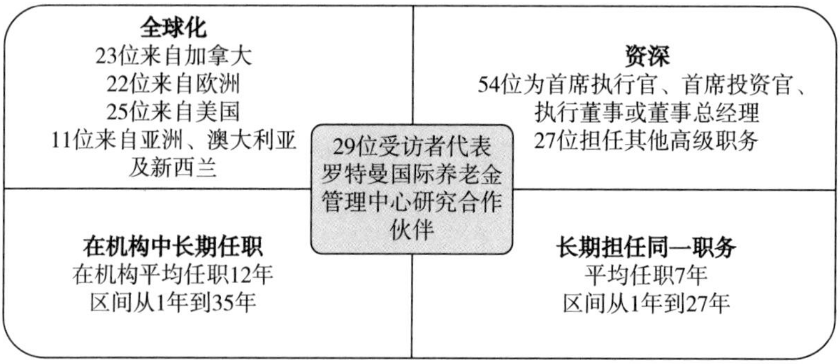

图 10.1　2014 年调查反馈群体的统计数据

资料来源：KPA 咨询服务公司。

图 10.2 展示了针对这 23 条关于治理的陈述 1997 年、2005 年及 2014 年各自调查结果分布。这种类型的调查经常会出现倾向于高分

值而不是低分值的偏差。不过，请注意平均值在这 17 年期间出现轻微增长（即从 4.5 到 4.7 到 4.8），很可能表示养老金理事会的有效性在同期略有改进。

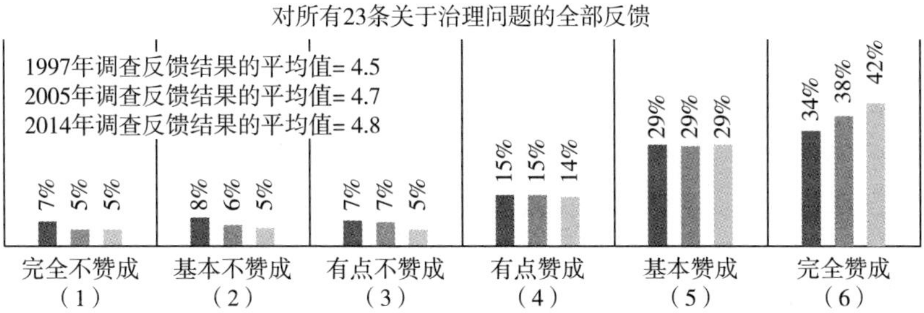

图 10.2　1997 年、2005 年及 2014 年调查结果分布

资料来源：KPA 咨询服务公司。

表 10.5 比较了 2014 年调查中得分最高的 5 条陈述（即表示满意度最高）与得分最低的 5 条陈述（即表示满意度最低）。读者可以从表 10.5 中自己得出结论。在我看来，这两组反馈结果有相互矛盾之处。例如，养老金机构的高管们怎么可能一方面认为他们拥有完成工作所必需的各项资源，另一方面却表示薪酬水平不具有市场竞争力？类似的，高管们怎么可能一方面认为理事会要求他们为运营结果负责，另一方面却表示理事会插手运营事宜（例如雇佣或解聘投资经理）？

表 10.5　　首席执行官最满意及最不满意的领域

最近调查结果中的最高分	2014 年调查结果平均排序	最近调查结果中的最低分	2014 年调查结果平均排序
理事会在代表利益相关者的权益方面做得很好	1	我有权留用和开除投资经理	19
制定投资政策需要我和理事会成员付出相当的努力，反映了我们最好的想法	2	所在机构的薪酬水平有市场竞争力	20

续表

最近调查结果中的最高分	2014 年调查结果平均排序	最近调查结果中的最低分	2014 年调查结果平均排序
理事会及投资团队之间职责分明	3	理事会成员拥有卓越的能力、相关的知识、经验及才智来完成他们的工作	21
理事会要求我对业绩负责，并且不接受业绩欠佳	4	基金在选拔、任用及中止任用理事会成员方面的流程有效	22
理事会批准我们完成工作所必需的资源	5	基于业绩的薪酬是组织架构设计的重要组成部分	23

表 10.6 对比了 1997 年、2005 年及 2014 年调查中每次得分最低的 5 条陈述。每次调查结果相当一致。对于我们而言，这一点非常清晰地指出了养老金治理持续面临的挑战以及这些挑战持续引发的后果。确切地说，理事会成员选拔流程的不完善持续导致理事会监督不力，反过来导致理事会插手运营事宜以及包括投资在内的关键领域缺乏足够资源。

表 10.6　在 1997 年、2005 年和 2014 年调查中得分排序最低的 5 条称述

三次调查中得分排序最低的称述	1997 年调查结果平均排序	2005 年调查结果平均排序	2014 年调查结果平均排序
所在机构的薪酬水平有市场竞争力。	18	18	20
理事会定期检查并改善自身有效性。	20	20	17
我有权留用和开除投资经理。	22	21	19
基金在选拔、任用及中止任用理事会成员方面的流程有效。	21	22	22
基于业绩的薪酬是组织架构设计的重要组成部分。	23	23	23

资料来源：KPA 咨询服务公司。

表 10.7 评估了有关这 23 条陈述如何排序的区域化差异。其中传递出一条明确的信息：相比来自北美洲及环太平洋地区的受访者，来自欧洲的受访者对治理相关的陈述评分明显偏低。另一方面，位于加拿大、澳大利亚及新西兰的养老金机构更有可能在薪酬安排中包括绩效部分。

表 10.7　　　　　　治理水平的区域化差异 *

反馈结果平均值的区域化差异	欧洲	加拿大	美国	亚洲、澳大利亚、新西兰	平均值
以业绩为基础的薪酬是组织架构设计的重要组成部分	–	+		+	3.7
理事会设立了一个明确的、适合的、可以理解的并经过良好沟通的价值及道德准则框架	–				5.1
理事会设立了明确的、适合的、可以理解的并经过良好沟通的组织绩效标准	–				4.9
理事会在把握控制过度和控制不足方面做得很好	–				4.8
我有必要的授权在合理范围内实施长期资产组合配置 / 资产负债表风险政策			+		5.0
理事会及投资团队之间职责分明				–	5.4

* 加号代表反馈值比平均值至少高 0.5。减号代表反馈值比平均值至少低 0.5。

资料来源：KPA 咨询服务公司。

来自受访者有关治理的更多见解

除了被要求对这 23 条陈述进行排序之外，受访者还被问到以下问题：“在您看来目前您所在机构的理事会面临的最重要的治理问题是什么？”反馈意见如下：

理事会成员构成及技能

✧ 我们的理事会成员应该拥有更加丰富的经验及才智。

✧ 理事会成员被及时任命……

✧ 理事会成员更替：养老金受益人代表及立法代表的流动率过高，投资专家的流动率太低。控制权掌握在州立法机关手中。

✧ 理事会成员流动过于频繁(受任期限制)。员工流失率过高(因为退休）。尽管已有记录完好的各项政策，机构记忆和延续性的缺失有可能带来负面影响。

✧ 治理所面临最重要的问题是理事会成员对养老基金管理方面的无知。治理是存在的但基本不能正常运转……

✧ 选拔有丰富投资经验的理事会成员……

✧ 理事会成员的教育背景……

✧ 尽快让新就任的理事会成员熟悉有关养老金、投资以及受托管理的情况（流动率高达 80%）……

✧ ……确保理事会持续具备加大监管力度及风险管理的能力……

✧ ……促使理事会有能力承担因为监管变化而被赋予的更多责任……

理事会流程

✧ 理事会在行政事务及具体投资项目审批方面投入过多精力，没有足够的时间花在对投资组合的整体战略定位以及对更长期间的宏观风险和机遇的把握。

✧ ……很幸运地拥有一个真正出色的团队……但整体表现平

平……大部分时间花费在项目及投资经理层面……

- ✧ 拒绝将投资经理的聘用及解聘委托给管理层……
- ✧ ……（管理层）可以解聘投资经理，不过（理事会下属的）投资理事会负责聘请投资经理。
- ✧ 时间管理：更多的时间花在面试及会见投资经理，而不是用于战略经营决策……
- ✧ 进行决策时有意识地停留在宏观 / 战略层面，理解并赞成理事会与管理层之间职责明晰的重要性……

薪酬

- ✧ 市场化薪酬体系的设计及实施旨在吸引并留住高水平的投资及管理人才。（由于我们的机构是一个公共部门实体），薪酬及经营相关费用会受到监管及政策方面的影响。
- ✧ 可供选择的其他薪酬模式：没有兴趣对此研究或讨论。

这些受访者的意见有力地支持了根据调查排序结果得出的结论。

治理相关的主要问题依旧存在

最后，尽管有一些证据显示，自 1997 年以来养老金机构在治理方面有所改善，但 2014 年调查结果显示养老金机构在理事会成员的选拔及培训、理事会监管流程的有效性以及吸引并留住重要高层管理人员等方面依旧存在问题。要显著提高养老金机构治理职能的有效性，尚需做出较大改进。

受托责任内涵的演变：您的受托人理事会是否已跟上形势？

受托人长久以来对谨慎义务的重视已引发短视的投资从众行为，破坏了代际之间养老金的公平，并且扰乱了对忠诚和公正义务的关注……

摘自霍利（Hawley）、约翰逊（Johnson）和魏茨尔（Waitzer）于 2011 年发表于《罗特曼国际养老金管理期刊》的文章《寻回受托责任的平衡》（Reclaiming Fiduciary Duty Balance）

公正义务要求受托人考虑到受益人的不同利益并加以平衡……包括他们的决定所带来的对代际之间的影响……

摘自魏茨尔（Waitzer）和萨罗（Sarro）于 2014 年发表于《罗特曼国际养老金管理期刊》的文章《重建金融和实体经济的联系：一个行动计划》（Reconnecting the Financial Sector and the Real Economy: A Plan for Action）。

养老金理事会在诠释 21 世纪的受托责任方面行动滞后

在过去的四年时间里，罗特曼国际养老金管理中心（Rotman International Centre for Pension Management，简称 ICPM）资助的最重要的、也可能是最被忽视的研究项目之一是关于 21 世纪养老金机构理事会受托责任内涵的演变。法学家吉姆·霍利（Jim Hawley）、基思·约翰逊（Keith Johnson）、道格·萨罗（Doug Sarro）和艾德·魏茨尔（Ed Waitzer）负责此项研究。本章开篇处引用的两篇文章就是基于他们的研究工作[①]。引用的那两段话则揭示了他们研究成果的精髓：养老金理事会在理解他们的受托责任方面滞后，需要尽快赶上。

本章总结了罗特曼国际养老金管理中心关于受托责任的研究成果，并为那些想要跟上21世纪受托责任演变步伐的养老金理事会制订了一个工作计划，从而不必承受若干年后在很可能恶劣的环境下被迫追赶的悔恨之苦。

为什么是现在?

作者们指出了四个拐点催化剂，支持养老金理事会立即行动，而不是以后被动反应。

1. 养老基金规模的增长：整体而言，全球养老金行业已经成为一支主要的金融力量，规模大致在30万亿美元到40万亿美元之间。不断增长的主权财富基金及基金会/捐赠基金则让这个规模明显变得更大。总的来说，这些大规模的资产池代表着即使不是数十亿也是上亿的若干代受益人的经济利益。这些资产池的投资决策汇集起来对全球金融市场及全球实体经济产生直接影响。养老金机构在考虑到自身规模、为理解并满足参与人的退休收入需求所必要的长远视角后，应该非常有积极性来确保自己理解并履行受托责任。

2. 代理人的广泛影响及强调短期性：尽管养老金机构的投资政策倾向于强调长期性，实践中很多情况下表现出的却是短期性。这种两

① 罗特曼国际养老金管理中心理事会有效性项目（BEP）的学员被要求必须阅读这两篇文章。可以通过访问Rotman-ICPM网站获取有关这两篇文章及BEP项目的信息。

重性通过多种方式更加凸显：媒体报道、业绩如何衡量、业绩报酬如何构成、不同中介代理（例如顾问、资金管理人）的存在等。代理人和受益人的经济利益并不是天然一致的。在这样一个日益复杂的世界里，受托人面临着严峻的挑战：如何阐明当前及未来的受益人最佳的短期及长期利益，如何证明他们实际上通过投资政策以一种平衡的方式为这些利益服务。

3. 对简单化投资理论的过度依赖：尽管诸如有效市场假说（Efficient Markets Hypothesis，简称 EMH）这样的投资理论很完美，但其背后的假定远远没有反映现实情况。以有效市场假说为例，关于投资的重要信息并不总为所有投资者所知悉；进一步说，已被知悉的信息也并不总是被所有投资者给予相同的理解，并且没有总是被准确地反映在资产价格中。此外，投资者并不总是理性的，对风险的容忍程度也不稳定。投资回报并不满足独立同分布的情形。因此，尽管类似全球金融危机（Global Financial Crisis，简称 GFC）这样的事件不可能发生在有效市场假说的世界里，但在现实世界中确实会发生。重要的是，试图通过将有效市场假说中的假设及影响当成现实来履行有关谨慎、忠诚及公正的受托责任，在今天来看不是合情合理的举动。理事会有义务去了解真实的世界，而不是为了创立完美的投资理论所假想出的世界。

4. 近期针对金融体系失灵在法规方面的应对：前面提到的四位法律专家在那两篇发表于《罗特曼国际养老金管理期刊》的文章中指出了许多与 21 世纪受托责任内涵演变相关的近期法律意见及措施。在一起养老金纠纷案中，美国最高法院裁定受托责任要求“受托人公正考虑所有的受益人……包括现有的及未来的。”《荷兰养老金法案》（The Dutch Pension Act）要求受托人在制定政策和决策时考虑全部利益相关者的权益。全球金融危机促成了很多针对金融机构及在这些机构工作的个人的诉讼，指控存在不当受托行为。相比之下，加拿大最高法院近期驳回了由某公司债券持有人发起的针对公司董事会的集体诉讼，裁定该董事会决策合理，不仅反映了公司债权人和股东的利益，也体现了作为一个好的企业公民所应承担的更为广泛的义务。基于这些法律意见及裁决，在行使受托职责方面涌现了新的“合理预期”标准。这一新标准与以往的观点有着天壤之别——以往认为可以通过完成由法律顾问制定的标准任务来证明对受托责任的履行。

除了法律专家提出的上述四点，我认为还有以下第五点理由来支持“为什么是现在”。

5. 对不可持续养老金模式的被动接受：我曾在前面的章节中表达过对传统的待遇确定型养老金计划及缴费确定型养老金计划设计的不满。这两种设计既没有充分认识到当前的年轻人及老年人的不同需求，也没有完全承认未来的年轻人及老年人的经济利益。因此，这样的传统设计在很多方面存在问题（例如：一刀切的问题、产权模糊问题、风险定义及配置模糊的问题等）。如果公正义务要求养老金受托人对不同类型的受益人及其他承担风险的利益相关者的不同权益加以考虑并平衡（包括他们的决策所带来的代际间影响），那么很自然地会想到这些受托人同时还有义务围绕长期可持续性及对所有当前和未来的利益相关群体是否公平这些方面对所在养老金的模式进行测试。

紧随“为什么是现在”的问题是“现在该怎么办”。那么养老金机构可以各自或者共用在国家及全球养老金整体层面采取哪些行动来应对前述五个催化剂呢？以下是对这些问题的一些回应。

在养老金机构层面的回应

除非以理事会主席为首的理事会已经做好担负受托责任的准备，

否则机构层面基本不会有任何回应。如果理事会已经做好准备，以下六大要点清单会有所帮助。

1. 养老金设计：我们是否有一个公平的、可持续的、易懂的养老金方案？我们如何能最好地解决这个问题？当我们的方案没能通过关于公平 / 可持续 / 易懂的合理测试时，我们该怎么办？

2. 与利益相关者的沟通：我们是否清楚我们的利益相关者是谁？我们是否与这些利益相关者就养老金设计进行了有效沟通？是否与这些利益相关者就养老金机构为他们所创造的价值进行了有效沟通？如何知道我们的沟通策略是否有效？

3. 机构设计：我们是否有一个成本效能高的机构，它的核心职能是为风险和资金创造价值？我们如何能最好地解决这个问题？如果我们所在的机构针对其核心职能采用可靠指标进行对标的结果不够理想，我们该怎么办？

4. 理事会的有效性：我们作为理事会成员是否有效？我们是否拥有适合的技能和经验？在利益相关者的眼中我们是否可靠？我们是否胸怀大众？我们是否评估自身有效性并改进自身的表现？

5. 风险管理：我们需要衡量并管理的风险是什么？我们是否有做好这些事所需要的人力、流程及技术？如果没有，我们该怎么办？

6. 投资理念及政策：我们是否有一个投资计划用于通过长期回报的复利增长来为养老金计划参与人创造财富？这个投资计划是否运行良好？我们如何得知？我们是否有一个投资计划用于履行向退休人员支付养老金的义务？这个投资计划是否运行良好？我们如何得知？

尽管严格遵照这六大要点清单会得到一个比较好的受托责任分值，但还需要关注受托责任的另一个维度。

在国家及全球层面的共同回应

魏茨尔和萨罗在于2014年发表的《重建金融和实体经济的联系》（Reconnecting the Financial Sector and the Real Economy）一文中提出了四点倡议，养老金等金融机构以及立法者和监管者可以共同行动，使得与履行受托义务紧密相关的预期及责任得以增强。

1.促进双赢合作：对单一机构而言，在没有明显的短期净回报（即扣除成本后）的情况下，在涉及长期共同利益的事项上先行一步，其实存在着信任困境。解决困境的方法是各方针对事项的重要性达成共识，并分担处理事项的成本。这样合作的例子已有很多，例如：ICGN、PRI、WEF、CII、CCGG、Eumedion、NAPF、ASFA、ACSI以及ICPM[①]。近期有关聚焦资本的长期表现（Focusing Capital on the Long-Term，简称FCLT）的倡议开拓了投资者和投资对象直接合作的前景，合作事项包括在投资及评价机构成功方面树立长远眼光等[②]。

2.建立法律机制来保护子孙后代：一项打击政治决策短视的可行措施是设立专员或者督察来代表子孙后代的权利。环境及人权领域已存在这样的机制。更多日常决策可以被授权给无派别人士、独立机构或者任职期限有保障的资深管理者。

3.反思立法：后金融危机时期复杂的金融法规相继出台，形成了复杂的制度并相应地促成了对照清单判断“是否合法”这种意识的形成。更好的做法是制定不那么笼统的、条理分明的、简明扼要的、

---

① 有关合作的理论和实践是罗特曼国际养老金管理中心投入研究资金的另一特殊领域。参见Danyelle Guyatt’s *RIJPM* articles，“Pension Collaboration：Strength in Numbers”（Fall 2008）及“Effective Investor Collaborations：Enhancing the Shadow of the Future”（Fall 2013）。

② 可访问FCLT网站查询有关该举措的更多信息。

可执行的针对核心预期的法规。法院也可以通过强调合理预期原则起到积极作用。

4. 重申金融行业的社会效用：全球金融危机及随后发生的事件很显然加剧了公众对金融体系的不信任和缺乏理解。需要通过多年的艰苦努力才能重获公众信任，并提高公众对于金融业，特别是养老金行业，在动员资本及在一个运转良好的经济中对金融风险进行定价和分配方面所起重要作用的认知。全球特许金融分析师（CFA）协会发起的“金融的未来”（Future of Finance）倡议是为应对这一挑战正在如火如荼推进的一个范例。

在履行受托责任的过程中，养老金理事会需要关注国家和全球层面的共同倡议，需要了解他们所在的机构在推进落实前述四点倡议方面所扮演（或应该扮演）的角色。

做正确的事

魏茨尔和萨罗认为，金融行业中董事会治理大多持续专注于把事情做好，也就是说，从技术层面遵守任何在进行决策时存在的规则。他们认为，根本性的思维转变是必须的。董事会必须开始专注于做正确的事情，而不是专注于把事情做好。在他们看来，这将成为评判董事会决策和行动的基础，无论是在司法法庭还是民意法庭上。

因此，在平衡全部利益相关群体经济利益的基础上做正确的事，是在21世纪用于检测是否恰当履行受托责任的全新标准。这是受托人理事会被合理预期所需要完成的全部任务。您的理事会是否已达到这一标准呢？

第 12 章

养老金机构及综合报告：改善与利益相关者的沟通

澳大利亚最大的那些超级基金均表示出对一个全新报告体系的支持……养老基金综合报告网络（the Integrated Reporting Pension Funds Network）正在全球范围内被推广应用……

——《澳大利亚人报》（The Australian）（2014 年 7 月 15 日）

综合报告（IR）倡议

国际综合报告理事会（The International Integrated Reporting Council，简称 IIRC）于 2010 年发起了有关综合报告框架的倡议，旨在建立一个全球认可的框架，提供有关商业机构如何随时间推移创造价值的清晰、可比的信息①。引人注目的是，综合报告已经获得了来自跨国企业、投资领域、会计领域、监管机构和学术界各方领袖们的支持。在短短几年时间里，综合报告倡议已经先后发布了一份关于综合报告的讨论文件（2011 年）、一个关于综合报告的原型框架（2012 年）、一个包括商业网络和投资者网络的试点项目（2012 年）以及一份内容详尽的关于综合报告框架的征求意见稿（2013 年初）。所有这一切最终促成 2013 年 12 月国际综合报告框架的发布。

---

① 国际综合报告理事会（IIRC）：国际综合报告框架，2013年12月。可参见www.integratedreporting.org。

国际养老金管理领域的领军人物应该支持这一倡议。不仅是因为它将促成披露更多对投资者有用的信息，即关于被投资企业如何在短期、中期以及更长期间创造价值的信息，也是因为综合报告框架对于养老金机构本身而言是一个有用的工具。在告知利益相关者（即养老金领取者、员工、雇主、投资者、监管机构及政府）有关自己如何创造价值这一方面，许多养老金机构可以做得更好。由于他们的决策也会对未来的利益相关群体产生影响，有关这些影响的信息也应该被加以披露。

《澳大利亚人报》表示，养老金机构确实已经开始接纳有关综合报告的理念[①]。在澳大利亚养老金信托研究所（Australian Institute of Superannuation Trustees，简称 AIST）和澳大利亚退休金投资者协会（Australian Council of Superannuation Investors，简称 ACSI）的支持下，五家澳大利亚养老基金创建了一个新的综合报告养老基金网络，其愿景是逐渐发展成为一个跨国组织。新网络的两大焦点包括：首先是养老金机构针对综合报告所做的准备工作；其次是在编制和使用综合报告方面与国际综合报告倡议和其他相关组织（例如监管机构）的相互交流。

本章总结了新的国际综合报告框架的主要特征，还评价了在这一新框架下南非哨兵山矿业退休基金（the South African Sentinel Mining Industry Retirement Fund）所编制的年度综合报告。尽管这份综合报告清楚地展示了这一新倡议的影响力，我认为未来可以在三个方面加以改进。

新的国际综合报告框架——指导原则

该框架列出了在编制一份综合报告时所应遵循的七个指导原则：

---

① *The Australian*（2014）："Superfunds Enthusiastic about New Reporting Regime"，July 15.

1. 战略重点和未来方向：解释机构的战略是如何在短期和长期为利益相关者创造价值以及相关资本资源的利用。

2. 信息的连通性：完整描述各种因素是如何随着时间的推移结合起来创造价值。

3. 与利益相关者的关系：描述利益相关者的本质、他们与机构的关系以及机构对他们的责任。

4. 重要性：就能对机构随时间推移创造价值的能力产生影响的事项提供信息。

5. 简洁：仅使用必要的字眼。

6. 可靠性和完整性：在考虑了均衡和准确性的前提下，涵盖所有重要事项。

7. 一致性和可比性：呈现信息时最大限度地加强不同期间以及与其他机构的可比性。

这七个指导原则自然而然地引出八个要素。

新的国际综合报告框架——要素

综合报告应包括以下彼此关联而又不相互排斥的要素：

1. 机构概述和外部环境：机构是做什么的，它的背景和环境如何？

2. 治理：机构的治理结构是如何支持其创造价值的？

3. 商业模式：机构如何随着时间的推移为利益相关者创造价值？

4. 风险和机遇：什么是关键性的风险和机遇？机构对此是如何处理的？

5. 战略和资源配置：机构希望走向何方以及机构是如何去往那里？

6. 业绩：在其战略目标的背景下，机构在这段时间内业绩如何，对资本资源的影响是什么？

7. 展望：在实现其战略目标时，机构面临何种挑战？对其商业模式和未来绩效的影响是什么？

8. 呈现信息的基础：决定将哪些事项纳入综合报告的过程是怎样的？

这些指导原则和要素是如何转化为养老金机构的综合报告呢？南非的一家养老金计划正走在前列。

南非哨兵山矿业退休基金

哨兵山（Sentinel）是南非的一个多雇主养老金计划，于 2013 年 7 月 1 日完成了一项重大合并。该计划目前已经有 102 家雇主，覆盖的在职及退休人员约 90000 人。这是一个混合型计划，缴款被存入员工的退休金账户，累积的退休储蓄在退休时被转化为年金。截至 2013 年 6 月 30 日的财年综合年度报告是哨兵山的第二份年报。在引言部分，该机构承认："……综合报告流程是一个征程，是朝向提供一个均衡、准确及清晰的、相对于机构战略的业绩说明迈进了一步。"[①]

哨兵山的报告有六个主要部分，按以下次序展开：

1. 使命：简要说明机构存在的理由以及年度综合报告的意义[②]。

2. 机构主要的业绩亮点和里程碑：2012 ~ 2013 财年的主要事件 / 成就以及机构自 1946 年成立以来的关键里程碑，主要是以图表和照片的形式展现[③]。

3. 我们是谁及我们做什么：基金的历史；养老金计划的设计；投资架构；与利益相关者的沟通；机构设置；受托人理事会成员构成以及理事会成员出席会议的记录[④]。

---

① 哨兵山矿业退休基金综合年度报告，2014年。完整报告可访问http://www.1.sentinel.za.com/Annual%20Reports/Sentinel%20Retirement%20Fund%202014.pdf。

② 参见Ibid.，p.1.

③ 参见Ibid.，p.2 – 7。

④ 参见Ibid.，pp.8 – 15。

4. 理事会主席及首席执行官的评价：在艰难的经济和金融市场条件下所取得的备受赞许的投资和养老金运营成果；重大兼并的成功完成；南非采矿领域以外的增长机会；独特的投资和养老金产品系列；内部为养老金计划参与人提供的咨询服务；很高的产品质量和风险控制水平；很强的治理原则和实践；对政府社会保障政策持续演变的关注[①]。

5. 受托人理事会报告：一个由哨兵山的六个主要利益相关群体、这些群体的主要问题、机构应对 / 参与的策略及结果、四个机构目标、实现目标的战略以及用于衡量成功的关键绩效指标所构成的矩阵；战略绩效评估；一个由八个方面构成的矩阵，涉及对风险的定义、监测和规避；风险转化为机遇的四种可能[②]。

6. 法定财务、精算和管理报告：独立审计师的报告；财务报表及其附注；独立精算师的报告；联系人、地址和外部服务提供商的相关信息[③]。

那么哨兵山的 2013 年综合年度报告与新综合报告框架下的指导原则和要素相比如何呢？这是下一个需要回答的问题。

理论与实践

首先，可以观察到的是哨兵山的综合年度报告与养老金机构任何一份良好的“常规”年度报告之间存在着许多相似之处。那么有什么是不同的呢？不同之处在于理事会是如何将有关哨兵山关键利益相关群体的信息与机构的目标、战略、经营成果以及如何定义、监控和降低风险之间结合起来。矩阵的使用在整合信息方面特别有效。

利益相关者矩阵包括五个综合要素：

① 参见Ibid.，pp.16 – 25。
② 参见Ibid.，pp.26 – 60。
③ 参见Ibid.，pp.61 – 81。

1. 利益相关者：明确了七个利益相关群体，包括员工、养老金领取者、雇主、工会、政府、服务提供方、监管机构。

2. 主要问题 / 关注点：为每个利益相关者群体逐一明确主要问题或关注点，例如，养老金领取者关注的是“与通货膨胀挂钩的可持续的养老金”。

3. 回应：针对主要问题 / 关注点的解决方案，例如，针对那些希望所提供的福利能满足员工需求的雇主，解决方案是“具有灵活参与度的可调节的福利产品”。

4. 参与策略：采取一定方式来提供所选择的解决方案，例如网站、简讯、专项研究、面对面会议等。

5. 结果：展望成果，例如，养老金计划参与人的满意度提高、声誉增强、更牢固的工作关系以及更优惠的政府政策。

类似地，风险管理矩阵包括两个综合元素：

1. 需要加以管理的风险：矩阵描述了需要加以管理的八项风险，例如，“长寿风险”是指养老金领取者的实际平均寿命超过预期，导致养老金组合资金不足的可能性。

2. 控制：矩阵描述了如何逐一管理八项风险，例如，“我们将通过资产负债管理和现金流分析来管理流动性风险，并维持一个拥有充足流动性的资金池”。

这两个矩阵示例显示了综合报告如何强制要求对机构的目标和战略进行整合思考，这将促成更好的结果。哨兵山在它的综合报告之旅中所取得的进展令人印象深刻，值得祝贺。

下一步的三种可能

哨兵山指出，2013 年报告是“……是朝向提供一个均衡、准确及清晰的、相对于机构战略的业绩说明迈进了一步。”本章将以可被视为综合报告未来走向的三点想法作为结尾。

1. 替代实际收入的结果：考虑到机构设立的目的，有一项结果最为重要：在员工停止工作后维持员工的正常生活水平。2013年综合报告将目标设定为75%的工资收入替代水平并按退休后通货膨胀指数的80%调节。但是，我们在该份报告中找不到任何有关这一目标是否已经、正在或将会在一段期间内实现的信息。

2. 养老金领取者的年金资产负债表：虽然报告明确指出，在退休时“从养老基金获得每月养老金福利（年金）”，但报告中没有显示养老金领取者的年金资产负债表。相反，报告包括一个只有资产的养老金领取者组合及一页篇幅的精算师报告，报告简单提到：“养老金领取者有一个单独的资产池……截至2013年6月30日这个资产池的积累率为113.9%……”我们在报告的任何地方都找不到对这段表述的任何支持。考虑到这对Sentinel可持续性的重要性，我们原以为报告会对这段表述给予大量支持（例如，预计未来养老金福利的基础、用于估计应计负债的折现率、所使用的死亡率表以及要实现的目标积累率）。

3. 投资策略和成果的结合：报告包括了有关已实现的基金回报与基准以及责任投资（Responsible Investment，简称RI）/社会责任投资（SRI）的独立章节。例如，报告中提到四个主要投资类别对比居民消费价格指数（CPI）和市场指数基准的一年期、三年期和五年期回报。报告还相当详细地介绍了责任投资情况，包括主动借投票、公司参与各类活动及其成果。我们在报告中找不到哨兵山外部投资经理团队的投资策略与哨兵山希望成为责任投资领域的领导者这二者之间任何明确的关联。例如，投资经理喜欢开展什么样的投资？他们是信心十足的投资者吗？他们如何与被投资公司打交道？也许最有说服力的是，他们的投资组合换手率是多少？我们在报告中找不到这些问题的答案。

哨兵山的 2013 年综合年报的确令人印象深刻。不过，在未来几年内可以采取措施，编制一份更为了不起的报告。同时，一些思想引领型基金已经承诺加入哨兵山的综合报告征途。彼得·德鲁克曾注意到“信息是具有相关性和目的性的数据”[①]。综合信息更是如此。

---

① Drucker（2006），“Classic Drucker：From the Pages of the *Harvard Business Review*”. Harvard Business Review，March.

第 13 章

养老金机构成本效益评估：新视角

只有能被衡量的，才能被管理。

——彼得·德鲁克（Peter Drucker）

定义成功

来自澳大利亚养老基金协会（Australian Superannuation Funds Association，简称 ASFA）的演讲邀请为解决一个根本性问题提供了契机：养老金机构应该如何定义、衡量并报告成功？这一问题可以从两个方面得到解答：

1. 养老金机构应该为其所服务的参与人衡量并报告实际及目标财务结果。

2. 养老金机构应衡量和报告为参与人提供投资和福利管理等服务的成本效益。它们还应识别并报告驱动这些价值创造过程的因素。

涉及这两个方面的重要框架是本书第 12 章中描述的综合报告倡议。该章指出，一个国际养老基金网络正处于创建过程中，以便将该框架用于养老金行业，框架提供了一个关于综合报告模型在养老金领域应用的案例研究。第 7 章至第 9 章已经针对上述第一个方面进行了描述。本章则主要针对第二个方面。

成本效益评估

一个实用的“成本效益”评估框架有三个关键要素：

1. 关于价值构成的明确定义及衡量价值的能力。

2. 关于成本的明确定义及衡量成本的能力。

3. 一个允许基于提供同等服务的同业机构群体对成本效益进行评价的数据库。

前面的章节中提到，自 1991 年以来，CEM 基准有限公司一直在国际养老金领域应用该三要素框架。

在投资方面，CEM 通过两种方式定义价值：

方式一：扣除成本后的基金实际净收益与被动的、可投资的、具有类似风险特征的组合收益之间的差额。

方式二：扣除成本后的基金实际净收益与被动的、可投资的、低风险的债务组合收益之间的差额，后者近似于养老金机构的未来付款义务。这里将成本定义为机构行使投资职能的总成本，包括内部成本和外包成本，以相对于基金资产的基点数来表示。在方式二中，风险被定义为基金实际净收益与债务组合收益之间的波动率。

在为参与人提供服务 / 福利管理方面，CEM 将价值定义为：

一个“服务分值”，在 0 和 100 之间赋值。它体现了为参与人提供服务 / 福利管理的综合质量，基于诸如处理涉及参与人事务的速度及准确性、与参与人沟通的质量和灾难恢复能力等职能的表现。成本则被定义成为参与人提供服务 / 福利管理职能运行的总成本（包括内部成本和外包成本），按每位参与人对应的金额来表示。

一些例子将使得这些定义变得直观。

按成本效益衡量的十年期投资结果

图 13.1 显示了 CEM 数据库中所有 125 家养老基金按成本效益衡量的投资结果，涵盖了 2004 年 ~ 2013 年期间的连续数据。如前所述，纵轴上的净增加值（NVA）是扣除成本后的基金实际净收益与被动的、可投资的、具有类似风险特征的组合收益之间的差额。超额投资成本是指基金实际平均 10 年的投资运营成本与 125 家基金的平均成本之间的差额。2004 ~ 2013 年期间 125 家基金的平均 NVA 为 0.1%，区间为 – 1.7% ~ 1.5%。平均运营成本为资产的 0.5%，区间为 0.1% ~ 1.4%。

如果你是这些养老金机构其中一家的理事会成员，看到图 13.1 会想到什么类型的问题呢？也许下面三个问题会在你脑海中浮现：

1. 图 13.1 中 NVA 和超额投资成本之间是否存在相关性？（答案是否定的）

2. 如果您能够在高或低成本结构运营下实现相同的长期净投资回报，那么选择以高成本结构运营的理由是什么？

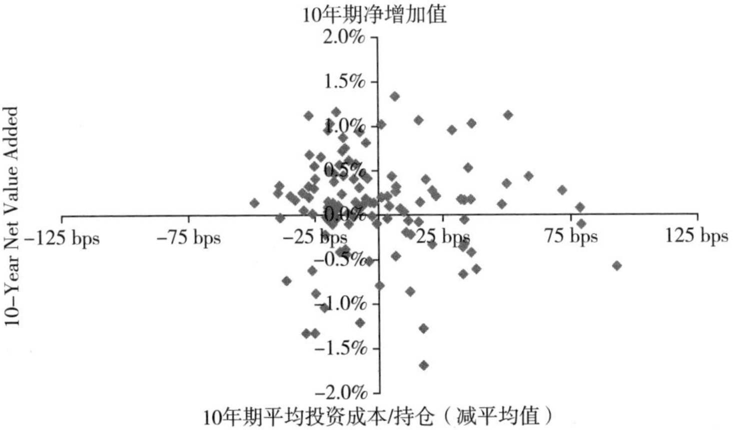

图 13.1　10 年期净增加值与超额投资成本

资料来源：CEM 基准有限公司。

3. 除了以相对低的成本结构运营之外，位于左上象限（即具有相对较低投资成本结构并生成正的10年期NVA）的基金有什么共同点？

这些问题可以成为下次理事会会议不错的议题。

按风险效益衡量的十年期投资结果

图 13.2 显示了 75 家养老金机构按风险效益衡量的十年期投资结果，这些机构也为 CEM 提供了基于负债的基准投资组合。如前所述，这里的价值指标是指扣除成本后的基金实际净收益与被动的、可投资的、低风险的债务组合收益之间的差额，后者近似于养老金机构的未来付款义务。风险指标是指基金实际净收益与债务组合收益之间的波动率。2004 ~ 2013 年期间这些基金的平均净风险溢价（即基金净回报减债务组合回报）为 2.2%，区间为 0.1% ~ 4.4%。平均资产负债（A-L）错配风险为 12.5%，区间为 8.1% ~ 16.0%。

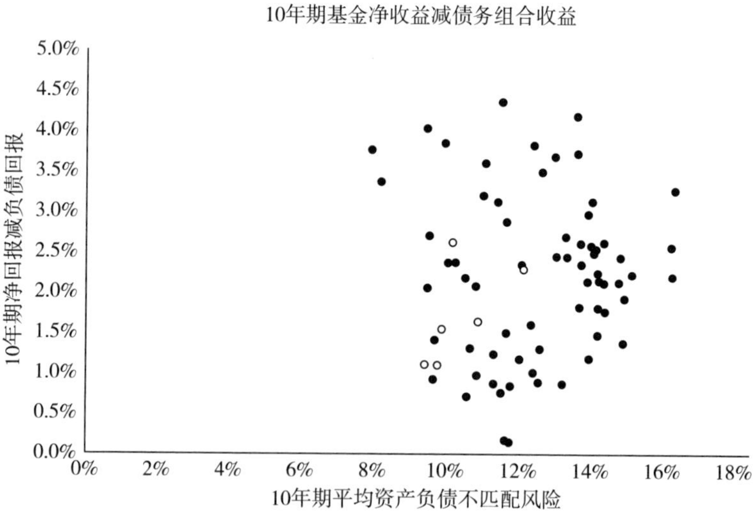

图 13.2　10 年期（基金净收益减债务组合收益）与资产负债不匹配风险

资料来源：CEM 基准有限公司。

如果你是这些养老金机构其中一家的理事会成员，看到图 13.2 会想到什么类型的问题呢？也许下面三个问题会在你脑海中浮现：

1. 在图 13.2 中，净风险溢价和资产负债不匹配风险指标之间是否存在相关性？（答案是否定的）

2. 2004 年 ~ 2013 年期间实现的净风险溢价与在更长历史期间里实现的净风险溢价相比如何？（答案是前者不算高）

3. 我们目前的资产负债错配风险敞口是多少？我们应该加大还是缩小敞口？这样做的理由是什么？不这样做的理由又是什么？

本书“养老金设计”部分（第二部分）的章节涉及一个更为广泛的问题：所有养老金计划参与人是否应该拥有相同的错配风险敞口？这需要考虑刚刚加入养老金计划的年轻员工以及依赖于按月安全收到养老金收入的退休人员各自的偏好。从逻辑上讲，年轻员工应该更倾向于长期创造财富的策略，而退休人员则想要支付安全。这导致的结论是：满足这两种诉求需要单独的财富创造和支付安全工具。在衡量绩效方面，财富创造策略应该与具有类似风险特征的被动策略进行对标，而支付安全策略与类似应计提的支付义务的债务组合进行比较。这些支付义务在待遇确定型养老金计划（DB）背景下可以具有法律意义，而在期望确定型养老金计划（DA）或目标待遇确定型养老金计划（TB）背景下则仅仅是愿景。

为参与人提供服务 / 福利管理方面的成本效益评估

图 13.3 显示了 51 家养老金机构 2013 年为参与人提供服务 / 福利管理的成本效益评估结果，这些机构向 CEM 提供了必要的信息。这里的价值指标是一个服务分值，在 0 ~ 100 之间赋值，体现了为参与人提供服务 / 福利管理的综合质量，基于诸如参与人事务、参与人沟通和灾难恢复能力等职能的表现。成本则是指为参与人提供服务 / 福

利管理职能运行的总成本（包括内部成本和外包成本），按每位参与人对应的美元金额来表示。2013 年的平均服务分值为 75 分，区间为 51 分 ~ 92 分。每位参与人的平均成本为 133 美元，区间为 37 美元 ~ 380 美元（三个成本结果未显示在图 13.3 中，因为它们所对应的每位参与人的超额成本超过了 150 美元）。

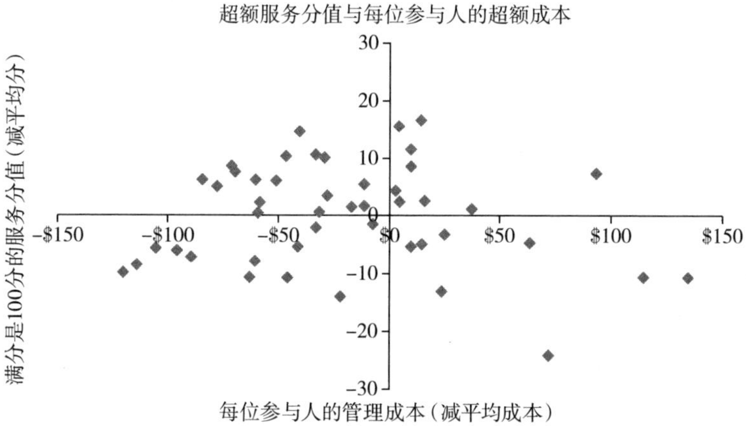

图 13.3　超额服务分值与每位参与人的超额成本

资料来源：CEM 基准有限公司。

如果你是这些养老金机构其中一家的理事会成员，看到图 13.3 会想到什么类型的问题呢？也许下面三个问题会在你脑海中浮现：

1. 在图 13.3 中，服务分值和每位参与人的超额成本之间是否存在任何相关性？（答案是否定的）

2. 如果您能够在高或低成本结构运营下获得相同的服务分值，那么选择以高成本结构运营的理由是什么？或者高成本结构是因机构所处地理位置或规模不足导致的？

3. 除了以相对低的成本结构运营之外，位于左上象限（即服务分值高且低成本）的基金有什么共同点？

同样的，这些问题可以成为下次理事会会议很好的议题。

养老金的成本效益及风险效益评估

本章开篇时指出，养老金机构应衡量和报告为参与人提供投资和福利管理等服务的成本效益及风险效益。这反过来提出以下三点要求：

1. 关于价值构成的明确定义及衡量价值的能力。

2. 关于成本的明确定义及衡量成本的能力。

3. 一个允许基于提供同等服务的同业机构群体对成本效益进行评价的数据库。

图 13.1、图 13.2 和图 13.3 揭示了对标的价值。它们使得养老金理事会能够提出真正棘手的问题，即机构正在创造多少价值以及在创造价值的过程中产生多少成本和风险。

第 14 章

私募市场投资的成本效益评估：为什么投资者需要一个标准规则

概述私募股权业务的合伙协议与可口可乐配方一样被严密保护……

——格雷琴·摩根森（Gretchen Morgenson），《纽约时报》（New York Times）（2015 年 5 月 4 日）

对养老基金的警示

格雷琴·摩根森的文章《隐藏的费用大幅削减养老金储蓄》（Hidden Fees Take a Big Bite Out of Pension Savings）在全球养老金投资行业持续发酵[①]。该文一针见血地指出许多养老基金为各种形式的私募市场投资支付复杂的费用，却没有充分掌握所产生的全部成本。

这从受托人角度来说是无法接受的。养老基金理事会的一项基本义务是确保所有基金支出通过合理的成本收益价值测试。显而易见的是，如果通过私募市场投资为受益人创造价值所花费的总金额是未知的，那么进行合理的成本收益价值测试是不可能完成的。可以说，这种情况违反了受托责任。

如果评估所花费的总成本挑战不够，那么评估相应投资所创造

① Morgenson（2015），"Hidden Fees Take a Big Bite out of Pension Savings"，*New York Times*，May 4.

的价值也绝非易事。在没有市场对投资按日估值的情况下，必须制订方案，随时间推移为私募投资指定合理的价值。众所周知，这些通过合理计算得出的价值与假定通过公开市场交易的价值之间可能存在显著差距。尽管这些估值差距是私募市场投资不可避免的现实，但必须注意消除有关私募市场投资如何被估值以及收益如何被计算的系统性偏差。

本章旨在明确可以采取哪些具体步骤来缩小当今养老金投资行业在评估私募市场成本效益的实践与那些可以满足合理的受托责任标准测试的实践之间的差距。

私募市场投资的成本效益评估：回顾

法利普（Phalippou）和戈特沙尔格（Gottschalg）（2009）的研究，针对私募市场投资，给出了实用的成本效益评估框架以及依据该框架对私募股权历史投资结果的估计[①]。他们指出，根据他们的估算，私募股权的总费用平均每年可能高达所投资本的 7%。在最近的一项个人研究中，法利普进行了保守测算，进一步验证了 7%这一平均成本的历史经验数据。

杠杆收购（LBO）基金平均每年收益率大约在 18%，未扣除前述研究中提到的费用；扣除 7%的费用后，净收益率减至 11%。对 7%的总费用进行分解，管理费在前五年通常是承诺资本的 2%，之后年份是已投资本的 2%。

资本召集在前五年是线性增加的，即承诺资本有一半是在这五年期间内任一时间点被用于投资。这意味着管理费率在前五年是已投资

① Phalippou and Gottschalg（2009），“The Performance of Private Equity Funds”，*Review of Financial Studies*.

本的 4%，在下一个五年期是已投资本的 2%。假设基金保留所有投资直至第十年。那么管理费率则为每年 3%。接下来是超额收益分成（carried interest），大约是（18 % ~ 3%）的 20%（即每年另外还有 3%）。除此之外，额外费用（例如被投资公司的费用、未被补偿的基金层面的交易和运营成本）每年大约占 1%。最后，养老基金投资者还有一些内部成本，例如，为尽职调查、会计等职能发生的费用。

私募股权投资 18%的毛收益率就是这样变成 11%的净收益率。从历史上看，这 11%的收益率与世界大多数发达地区在过去数十年里公开交易的小盘股票平均回报不相上下。因此，似乎平均来看，私募股权投资的历史毛收益率明显高于公开市场股票投资。然而，平均而言，全部超额收益以复杂的费用形式累积到私募股权资金池中归属于普通合伙人的部分，而有限合伙人（即养老基金）并没有获得比起投资公开市场股票更好的回报。

成本效益评估：从回顾到展望

人们或许会对法利普和戈特沙尔格的研究成果做出不同的回应，指出平均来看，私募股权投资的净回报率并不亚于公开市场股票的回报。然而，这仅仅是因为两个市场的历史收益率都非常高。展望未来，本书第二十章指出，7%是目前关于公开市场股票长期回报的合理预期。从长远来看，当前预期的私募股权平均总回报会是多高？我们是否可以假设相同的历史回报价差 7%，从而推算出私募股权的预期总回报率为 14%？（即 7% + 7%）。在我们看来，假设相同比例的历史超额回报（即乘以因子 18%/11% = 1.6）会更符合现实情况。按照后一种假设，当前私募股权的预期总回报率则为 11%（即 7% × 1.6），回报价差从历史上的 7%下降到预期的 4%。

现在让我们将法利普的保守计算中关于私募股权费用的公式结合到这些新的总回报预期。3%的基本费用保持不变。1%的额外费用保持不变。新的超额收益分成计算结果是（11% ~ 3%）的 20%，约为 2%。这些加总后将普通合伙人费用占已投资本的比率从历史上的 7%降至6%（即3% + 1% + 2%）。但是，在新的11%的总回报预期下，6%的费用将净回报预期调整到 5%，远低于我们对公开市场股票预期的 7%。

充分理解私募市场的费用结构对于养老基金在这些市场上投资的前景至关重要。这些计算结果表明，前景在今天看来似乎很黯淡，除非对私募市场费用结构进行重大变革。

CEM 关于评估标准化的倡议

CEM 基准有限公司最近发起了一项倡议，旨在创建一个标准规则，用于获取与私募市场投资相关的全部成本[①]。CEM 在其意见书中报告了加入数据库的基金在 1996 ~ 2012 年期间私募股权净收益率的三组平均值数据，如表 14.1 所示。三组数据之间的区别是投资风格：①自营（低成本）、②外包 / 直接作为 LP（较高成本）和③外包 / 基金的基金（成本最高）。请注意净收益率与投资风格之间的直接关联：随着成本上升，净收益率下降。另外需要注意的是，法利普和戈特沙尔格的调查结果与 CEM 调查结果之间的一致性：平均而言，由于费用水平高，两个外包策略从长远来看没有为基金受益人创造价值，甚至实现了负增值[②]。

① Dang，Dupont，and Heale（2015），“The Time Has Come for Standardized Total Cost Disclosure for Private Equity”，CEM Benchmarking Inc.position paper.

② CEM定制的私募股权基准是基于滞后的小盘股指数。

表 14.1　CEM 数据库中私募股权的平均净收益率（1996 ~ 2012 年）

	自营	有限合伙人	基金的基金
年化净收益率（Annualized Net Return）	12.2%	9.6%	7.2%
年化基准收益率（Annualized Benchmark Return）	8.7%	9.4%	8.8%
年化财富净增加值（Annualized Net Value Added）	3.5%	0.2%	-1.6%

资料来源：CEM 基准有限公司。

CEM 的意见书建议将与私募股权投资相关的成本划分为四类：管理费、超额收益分成 / 绩效费、其他费用和内部成本（例如内部管理、监督等发生的费用）。CEM 之前只能从其客户那里收集到有关管理费和内部成本的信息。不过，荷兰监管机构——荷兰中央银行（DNB）已经开始要求荷兰养老基金提供四个类别的全部成本信息。表 14.2 列出了 2012 ~ 2013 年的初步结果。

表 14.2　荷兰私募股权平均成本数据应用于一个 30 亿美元的投资组合（2012 ~ 2013 年）

成本类型	平均费率	平均金额
管理费	1.9%	$57M
超额收益分成 / 绩效费	1.5%	$45M
其他费用	0.4%	$12M
内部成本	0.1%	$3M
总成本	3.9%	$117M

资料来源：CEM 基准有限公司。

CEM 的意见书指出，已公布的荷兰养老基金管理费率为 1.9%，与整个 CEM 数据库统计的私募股权投资平均管理费率 1.8% 基本一致。不过，正如法利普和戈特沙尔格的文章所预示的，已公布的管理费还达不到典型的私募股权投资项目总成本的一半。因此，在 30 亿美元的投资组合示例中，该项目的年度总成本并不是通常公布的

5700 万美元，而是 1.17 亿美元。如果投资的是基金的基金，年度总成本将会按资产的 1.2%增加，达到 1.53 亿美元[①]。

何去何从?

所有这些都让我们想到了何去何从的问题。这进一步又提出了另外三个问题：

1. 首先，为获取私募市场投资的全部成本而付出相当大的努力值得吗？毕竟，这些成本最终会间接体现在计算投资项目的净收益中。在我们看来，表 14.1 针对这个问题明确给出了肯定的答案。它告诉我们，成本是影响私募市场投资净收益的一个重要因素。平均而言，长期的成本结构越高，长期净收益率就越低。这反过来告诉我们，了解这些成本结构是对养老金机构的一项受托要求，需要了解“事前”（即基于事先预期）和“事后”（即基于事后实际）[②]。

2. 这一结论引出下一个问题：在成本标准化计算规则方面达成广泛共识是否有价值？这个问题也应该明确得到肯定的答复。彼此无法比较的多个成本计算规则是毫无意义的。表 14.2 中定义的四个成本类别似乎为讨论提供了一个不错的起点。

3. 最后，应该参与制定成本（和收益）标准化计算规则的主要利益相关者群体有哪些？很明显，世界各地对这一问题越来越感兴趣。在政府 / 监管层面，荷兰的监管机构（荷兰央行）及丹麦和瑞士各自的监管机构在欧洲私募市场成本披露方面确立了明确的领导地

① 需要注意的是已公布的荷兰养老基金2012/2013年总成本低于Phalippou-Gottschlag统计的2009年之前的总成本。目前还不清楚这是由于荷兰方面披露不足，成本在过去十年中有所下降，或两者兼而有之。

② 这里一个相关的问题是“重要性”。考虑到私募股权领域中一些费用结构的复杂性，要把握一定尺度，不值得为小数点后几位数据的精准而浪费精力。

位。在美国，政府会计准则委员会（Government Accounting Standards Board，简称 GASB）于 2012 年对其披露要求略作更新。而美国证监会（SEC）合规检查办公室（Office of Compliance，Inspections，and Examinations）在 2014 年披露了美国多起私募市场交易隐藏费用和费用披露不足的案例。在机构层面，全球机构有限合伙人协会（ILPA）正在推广自愿性质的、标准化报告规则。然而，迄今为止，这一报告规则尚未被普遍采用。相比之下，荷兰养老基金联合会（Federation of Dutch Pension Funds）与荷兰央行密切合作，在荷兰推行强制性的报告规则。此外，全球特许金融分析师协会（CFA Institute）最近也表现出在这一领域发挥建设性作用的兴趣。

总之，看起来有关私募市场投资全成本披露以及成本效益披露这样的话题已经处于重要的转折点。机会之门已经打开，好好把握！

第 15 章 养老基金如何支付投资人员薪酬

衡量一家养老基金或其他长期投资基金管理质量最直接的指标或许就是它如何支付员工的薪酬……

——来自《罗特曼国际养老金管理杂志》2011 年春季刊社论

一项关于养老金投资薪酬支付实践的独特研究

本章报告了三大洲 37 家养老金投资部门的薪酬做法，涉及总资产规模 2.2 万亿美元。发起本章所涉的研究是因为这 37 家养老基金中的一家说服我，KPA 咨询服务在全球层面设计和开展此类研究具有独特的优势[①]。

总之，关键的研究结果和结论是：

- 这 37 家基金采用了一系列出人意料的宽广的方法，来研究诸如主动与被动管理，投资于公共与私募市场以及内包与外包投资任务等战略问题。
- 37 家基金样本中的平均总薪酬水平可以根据所使用的参考点来判断高低。这些样本内的薪酬水平存在相当大的差异。

---

① 没有KPA同事维吉尼亚·阿特金（Virginia Atkin）和卡利尔·基尔曼（Kalia German），财富技术国际（Treasury Technologies International）的乔·麦克劳林（John Mclaughlin）的大力支持，这份研究是无法完成的。研究收集到的所有数据均经过完整性和一致性检验。在许多情况下，具体问题与回复者进行过讨论。然而，KPA无法保证由此产生的数据库的百分百准确性。

- ✧ 许多基金采取折中的50–50方法将总薪酬分为了基础和可变部分，可变薪酬部分又再细分为组织/个人部分以及和投资业绩挂钩的部分。然而，一些基金再次采用了相当与众不同的方式。
- ✧ 关于投资业绩比较的基准，样本强调使用市场相对的标准。然而，绝对回报目标和同行相对业绩也在一些基金中发挥了重要的基准作用。
- ✧ 样本中最重要的两个高薪驱动因素是直接或间接参与投资职能的员工总人数以及加拿大的地理位置。平均而言，总人数越高，平均工资越高，不管是在除前五名员工外的整个机构层面还是前五名员工（就总薪酬而言）。我们将这一发现与样本中的一些基金将其私募市场投资活动内包的战略决策联系起来。这样的战略决策显著地增加了内部高薪人群的数量。这种策略目前在加拿大最普遍。
- ✧ 研究表明，养老基金管理部门必须解决薪酬领域的三个挑战：第一是消除人为的对某些基金施加的薪金上限；第二是为如何解决投资基准问题制定更明确的依据；第三是为投资相关的业绩薪酬计算制定和整合一份更明确的风险调整协议。

四个方面的研究

该研究收集了四个方面的数据：

第一部分：基金特征

确定了基金的法律结构/发起形式、地理位置、资产管理规模（AUM）和全职雇员数（FTEs）。这些全职雇员仅限于投资相关人员，包括综合养老金机构和受托管理人的所有相关的支持岗位。

第二部分：资产配置

在 2010 年底构建了六类基金资产配置和管理结构。

第三部分：薪酬分配原则、限制和实践

获得了薪酬的理念，外部权力机构施加的限制，目标薪酬和实际支付薪酬以及薪酬设计。

第四部分：业绩比较

获取了机构进行投资业绩比较的方法。

以下是这四个方面的详细调查结果。

基金特征

接受调查的基金被分为（a）独立的投资机构、（b）综合养老金机构或（c）受托管理人。从出资 / 附属关系方面来划分，可以分为（a）公共部门、（b）行业部门和（c）企业部门。样本包括 14 家独立的投资机构、19 家综合养老金机构和 4 家受托管理人。在出资 / 附属关系方面来看，23 家与公共部门有关，9 家与行业部门有关，5 家与企业部门有关。

表 15.1　　接受调查的基金的特征

	基金数量	全职雇员数	2010 年底资管规模（十亿美元）	年度总薪酬（百万美元）
澳大利亚 / 新西兰	9	956	$315	$203
美国	10	1463	902	187
加拿大	10	2164	631	448
北欧 / 英国	8	579	399	91
	37	5162	$2247	$929

资料来源：KPA 咨询服务有限公司。

表 15.1 显示，总的来说，调查涉及 5162 名全职雇员，在最近一个会计年度内，这些人总共被支付了总额约为 9.29 亿美元的员工薪酬。这些薪酬包括基本工资、各种形式的可变薪酬和福利。薪酬数据按照本币金额填写，并以 2010 年底汇率换算成美元。为了能够按地区分析薪酬原则和实践，我们将被调查的基金划分为表 15.1 所示的四个地理区域，四个区域中每个子样本规模相当，基金的数量从 8 个至 10 个不等。

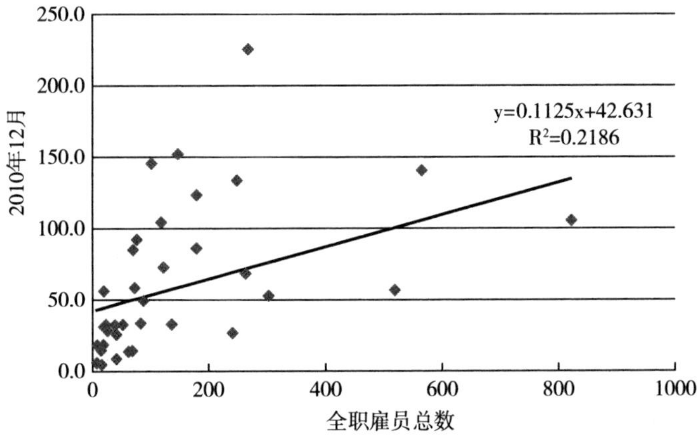

图 15.1　接受调查的基金的资产管理规模和全职雇员数量

资料来源：KPA 咨询服务有限公司。

最后，图 15.1 显示了接受调查的机构的资产管理规模和全职雇员数。从表中可以看出，资产管理规模（从 100 亿美元以下至 2000 亿美元以上）和全职雇员数（从 10 人以下到 800 人以上）分布相当广泛。资产管理规模和全职雇员数量之间存在正向的但不是特别强的统计关系。除个别例外，许多全职雇员数量少的基金，资产管理规模也处于低的一端。同样地，除个别外，许多全职雇员数量多的基金也拥有较大的资产管理规模。这表明，37 家基金的组织架构和实施战略之间存在着显著的差异。

资产配置和组织结构

调查将 2010 年底各基金管理的资产按以下六个类别进行分类：

1. 公开市场——内部主动管理
2. 公开市场——内部被动管理
3. 公开市场——外包主动管理
4. 公开市场——外包被动管理
5. 私募市场——内部管理
6. 私募市场——外包管理

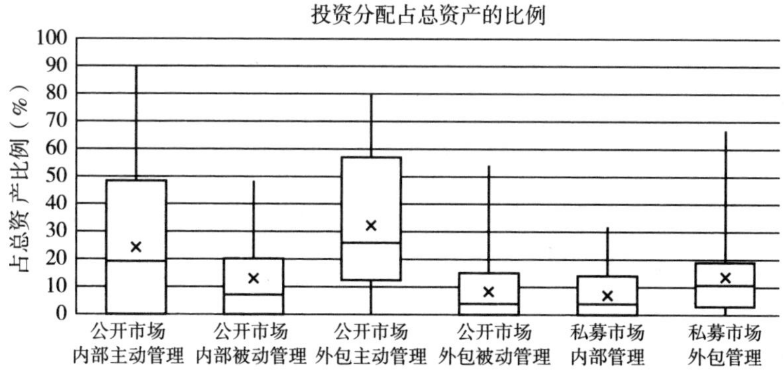

	公开市场内部主动管理	公开市场内部被动管理	公开市场外包主动管理	公开市场外包被动管理	私募市场内部管理	私募市场外包管理
最高	90.0	49.0	79.5	54.4	32.2	67.0
75分	48.0	20.0	57.0	15.0	14.0	19.2
中位数	19.0	7.0	26.4	4.0	4.0	10.8
25分	0.0	0.0	12.7	0.0	0.0	3.0
× 最低	0.0	0.0	0.0	0.0	0.0	0.0
平均数	25.2	12.7	32.2	8.5	7.5	13.8
家数	37	37	37	37	37	37

图 15.2　资产配置和组织结构

资料来源：KPA 咨询服务有限公司。

图 15.2 显示了这些配置方式的分布，可以看出，37 家基金资产配置 / 结构的选择多种多样。例如，在公开市场中进行主动管理的方式就有许多不同：许多基金在公开市场投资中频繁进出，而另外一些

基金则选择被动持有。同样地，许多基金继续将大部分投资管理职能进行外包，而有些则选择将旗下资产内部管理。最后，许多基金继续通过公开证券市场进行大部分投资，而另一些基金则在私募投资市场中持有大量头寸。

薪酬制度和约束

该调查提出了一个开放式问题：组织使命、组织的人力资源制度和实践、薪酬结构这三者之间的关系。调查还询问了薪酬结构和最高限额是否有外部施加的任何限制。这样做的目的是，理解基金是如何将基金目标、实现这个目标的战略方案、人力资源制度和实践（包括薪酬）紧密联系在一起的，同时也对其中可能存在什么样的限制进行认识。

评估基金对这些开放性问题的回应，得出了一个主要结论，即大多数回应中都包含一个“机械”元素，将组织使命与所需的人力资源要求，将吸引和留住合适的人的需求，将需要一个有竞争力的薪酬业绩体系的认知，在逻辑上联系起来。然而，这一结论也有值得注意的特殊情况：

- ✧ 一些公司基金将业绩在某种程度上定义为养老金计划对公司人力资源目标和盈利能力的影响。
- ✧ 综合养老金计划旗下的部分基金更倾向于考虑养老金计划成员和资产负债表相关结果，而不是他们薪酬方案中的目标。
- ✧ 一些基金提供了相当多的细节，说明他们的使命如何演变成为个人和组织的目标（包括财务性的和非财务的），而这些目标通过平衡记分卡的办法进行评估。其他部分基金直接强调投资业绩是组织获得成功的首要驱动因素。

✧ 目标中具有商业成分的基金，例如大多数澳大利亚超级基金，更有可能使用同行相对业绩指标。

✧ 一些基金综合考虑了市场相对和绝对回报基准，但明显对市场相对基准更为偏好。

✧ 如果薪酬支付能力受到外部监管的限制，基金则更强调为组织工作的非财务吸引力，例如精神激励、公益服务等。

表 15.2 展示了这种外部监管约束的发生率。注意到 37 家基金中，有 30 家基金的理事会是基金薪酬的最终制定者，而另外 7 家基金受到外部强加的某种薪酬限制。这些限制确实对公共部门基金的薪酬产生了限制性影响，我们稍后在讲到薪酬最高的五名员工的时候再来探讨这个问题。

表 15.2　　　　薪酬结构设计的最终责任

	公共部门	行业部门	企业部门	总计
董事会 / 监事会自主决策的基金数量	17	9	4	30
人均薪酬包含前五名高管（美元）	163766	222172	190818	184894
受到外部监管的基金数量	2			2
人均薪酬包含前五名高管（美元）	147005			147005
前两种方式的某种混合基金数量	4		1	5
人均薪酬包含前五名高管（美元）	128785		297800	162588

资料来源：KPA 咨询服务有限公司。

薪酬体系实践

图 15.3 列出了刚刚结束的会计年度内，每个接受调查的基金的

投资和相关职能人员的平均总薪酬，包括除薪酬最高的五名员工外的其他员工和薪酬最高的五名员工。剔除最高五名员工外的员工总薪酬的中位数是13万美元，中间50%范围是9.8万～16.8万美元。薪酬最高的五名员工的总薪酬的中位数是46.1万美元，中间50%从36.2万～66.9万美元不等。在一些最高五名员工的案例中，他们的薪酬差别在图表中显著位于均值的上部，且差别很大。

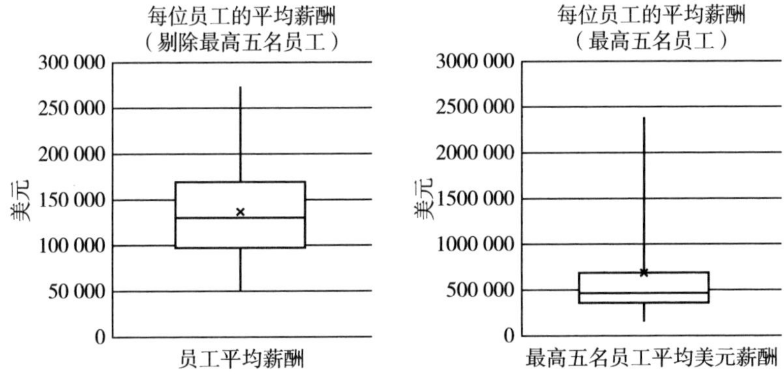

最大值	271 099
75分	168 299
中位数	128 798
25分	97 728
最小值	49 580
× 平均数	135 594
家数	37

最大值	2717 820
75分	668 900
中位数	460 766
25分	361 872
最小值	177 000
× 平均数	681 231
家数	37

图 15.3　平均总薪酬——整个基金（薪酬最高五名员工除外）和最高五名员工

资料来源：KPA咨询服务有限公司。

图15.4显示了薪酬最高的五名员工与除最高五名员工外其他员工平均总薪酬的比率。中位数是3.8倍，中间50%的范围从2.8倍到6.4倍。图15.5将最近一个会计年度内，薪酬最高五名员工平均总薪酬的实际支付水平与组织/个人业绩和投资业绩达到目标时的支付水平进行比较。注意到部分机构薪酬最高的五名员工在最近的会计年度内实际被支付了超过目标总薪酬的金额。37家基金的实际支付水平与目标

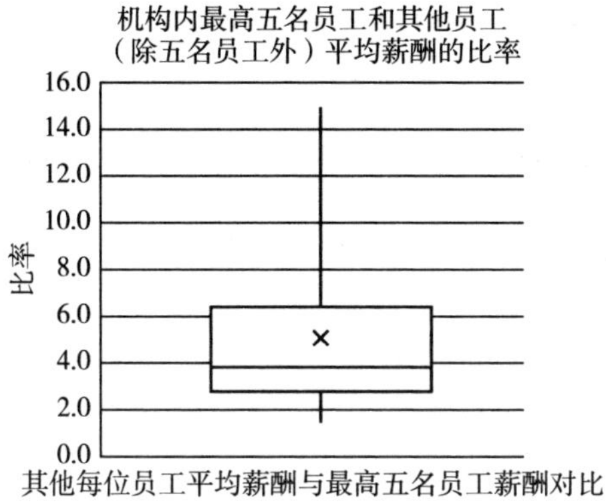

Maximum	14.8
75th%	6.4
Median	3.8
25th%	2.8
Minimum	1.5
× Average	5.0
n=	37

图 15.4　薪酬最高五名员工与除前五外整个基金平均薪酬的比率

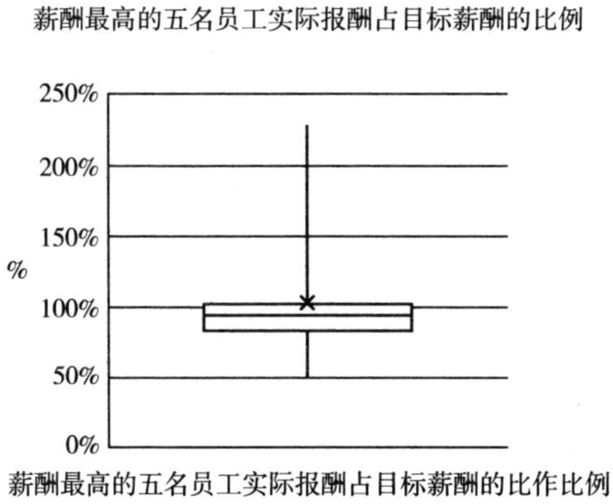

最大值	228%
75分	101%
中位数	94%
25分	83%
最小值	50%
× 平均数	103%
家数	37

图 15.5　薪酬最高五名员工实际薪酬与目标薪酬的百分比

资料来源：KPA 咨询服务有限公司。

总薪酬比率中位数为94%，中间50%范围从83%至101%。这意味着，在最近的会计年度，四分之三的机构中，薪酬最高的五名人员实际被支付的总薪酬低于目标总薪酬。

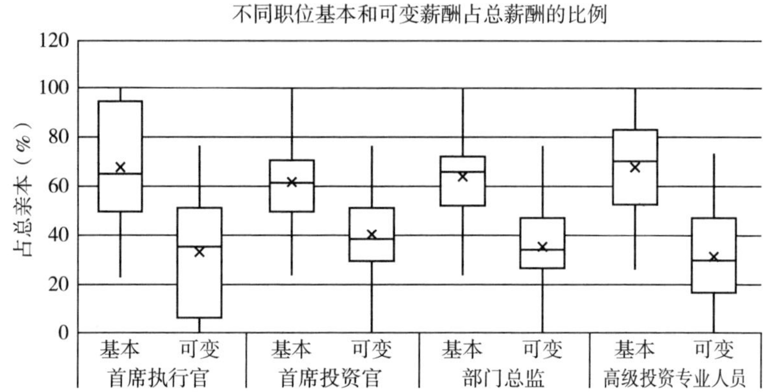

	首席执行官 基本	首席执行官 可变	首席投资官 基本	首席投资官 可变	部门总监 基本	部门总监 可变	高级投资专业人员 基本	高级投资专业人员 可变
最大值	100.0	77.0	100.0	76.0	100.0	76.0	100.0	74.0
75分	94.3	50.0	70.3	50.5	71.4	47.0	83.0	47.0
中位数	65.0	35.0	61.0	39.0	66.0	34.0	70.0	30.0
25分	50.0	5.7	49.5	29.8	53.0	27.0	53.0	17.0
× 最小值	23.0	0.0	24.0	0.0	24.0	0.0	26.0	0.0
平均数	67.4	32.6	61.9	38.3	64.0	35.2	68.2	31.8
家数	32	32	36	36	37	37	37	37

图 15.6　基本 / 可变薪酬达到目标业绩时的比例

资料来源：KPA 咨询服务有限公司。

图 15.6 显示了在接受调查的基金机构中，首席执行官、首席投资官、部门总监和高级投资专业人员达到目标业绩时基本薪酬 / 可变薪酬的比例分布。基本薪酬 / 可变薪酬的比例平均值和中位数都接近 60–40。然而，图 15.6 也表明，基金个体层面在实际操作中存在很大差异。显然，一些基金通过构建相对较低底薪和高可变薪酬的方案，比其他基金更加强调业绩观念。而另一种极端，一些基金根本没有可变薪酬。

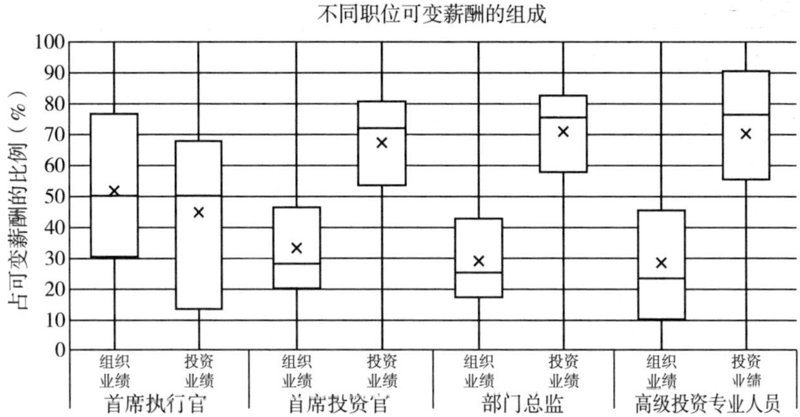

	组织业绩	投资业绩	组织业绩	投资业绩	组织业绩	投资业绩	组织业绩	投资业绩
	首席执行官		首席投资官		部门总监		高级投资专业人员	
最大值	100.0	100.0	100.0	100.0	100.0	100.0	100.0	100.0
75分	76.5	68.0	46.3	80.0	42.5	82.5	45.0	90.0
中位数	50.0	50.0	28.0	72.0	25.0	75.0	23.0	77.0
25分	30.5	13.5	20.0	53.8	17.5	57.5	10.0	55.0
最小值	0.0	0.0	0.0	0.0	0.0	0.0	0.0	0.0
× 平均数	51.7	44.6	32.8	67.2	29.1	70.9	28.8	71.2
家数	27	27	32	32	35	35	35	35

图 15.7　达到目标业绩时组织 + 个人 / 投资可变薪酬的拆分

资料来源：KPA 咨询服务有限公司。

图 15.7 显示了可变薪酬中组织 / 个人业绩和投资业绩之间的比例。注意，CEO 的比例中位数为 50–50，而三种投资专业职位的中位数分布更倾向于 25–75。然而，还注意到在样本中，各家基金对这个比例问题是缺乏共识的，实际做法有相当大的差异。

表 15.3　　组织和个人业绩的可变薪酬上限分布

倍数	首席执行官	首席投资官	部门总监	高级投资专业人士
1 倍	7	10	10	10
1 ~ 2 倍	15	19	19	19
2 倍以上	1	2	2	2

资料来源：KPA 咨询服务有限公司。

表 15.4　　投资业绩的可变薪酬上限分布

倍数	首席执行官	首席投资官	部门总监	高级投资专业人士
1 倍				
1 ~ 2 倍				
2 倍以上	2	5	5	5

资料来源：KPA 咨询服务有限公司。

表 15.3 显示了与组织 / 个人目标相关的可变薪酬的上限分布，表示为上限是达到目标业绩时目标变动薪酬的一个倍数。类似地，表 15.4 显示了与投资目标相关的可变薪酬的上限分布，表示为上限是达到目标业绩时目标变动薪酬的一个倍数。对于一些接受调查的基金来说，基金目标变动薪酬就是最大值（即最大可变薪酬等于 1 倍目标变动薪酬），而对于其他一些基金，高于目标薪酬也是有可能达到的，特别是对于与投资业绩相关的可变部分（即最大可变薪酬等于 2 倍目标变动薪酬或更高）。

用于计算投资业绩和基于投资业绩的可变薪酬的年数分布见表 15.5。

表 15.5　　计算可变薪酬的年数

年数	基金数
1	2
2	6
3	15
4	8
5	3

资料来源：KPA 咨询服务有限公司。

年数中位数是三年。如果在薪酬计算中使用多个周期，则时间周期将被平均处理。实际上许多基金确实使用多个时间周期。接受调查的基金中的大多数（37 家基金中的 27 家）确实采取了积极主动的策略，向他们的利益相关者传达他们的薪酬理念和成果。

投资业绩比较的实践

调查参与者被问及如何比较投资业绩。他们被要求将其机构中使用的权重在三种方法中进行分配：业绩与基于市场的可投资组合对比；绝对目标回报比较；预先设定的同行群组比较。为了区分机构内的职位差异，调查分别向首席执行官、首席投资官、部门总监和高级投资专业人员们询问了这个基准比较问题。他们的回应详见表 15.6、表 15.7 和表 15.8。

表 15.6　　投资业绩比较——基于市场

投资业绩比较——相对市场业绩				
基金数	首席执行官	首席投资官	部门总监	高级投资专业人士
81% ~ 100%	11	16	17	17
61% ~ 80%	3	4	4	4
41% ~ 60%	2	3	5	5
21% ~ 40%	0	0	0	0
0% ~ 20%	6	3	4	4

资料来源：KPA 咨询服务有限公司。

表 15.7　　投资业绩比较——绝对目标

基金数	首席执行官	首席投资官	部门总监	高级投资专业人士
81% ~ 100%	4	3	3	3
61% ~ 80%	0	0	1	1
41% ~ 60%	3	4	5	5
21% ~ 40%	2	4	4	4
0% ~ 20%	11	14	13	13

资料来源：KPA 咨询服务有限公司。

表 15.8　　投资业绩比较——相对同行

基金数	首席执行官	首席投资官	部门总监	高级投资专业人士
81% ~ 100%	3	3	2	2
61% ~ 80%	0	0	0	0
41% ~ 60%	1	2	3	3
21% ~ 40%	1	1	2	2
0% ~ 20%	9	12	12	12

资料来源：KPA 咨询服务有限公司。

回应这个问题的那些基金，更偏向的方式是，对基于市场的可投资组合选项分配较高的权重。然而，也存在值得注意的少数基金，在绝对目标回报和相对同行回报选项上分配了相当大的权重。

调查参与者被问及他们是否计算剔除成本的净投资业绩和剔除某种风险调整过程的净投资业绩。绝大多数基金（37 家中的 32 家）回应确实计算净业绩（接下来当然可以询问什么成本被计算在内，诸如此类相关的问题）。然而，投资结果是否针对任何风险敞口进行调整，情况则并非如此，37 家基金中只有 8 家表示他们针对风险进行了调整（29 家没有）。

从调查结果中得到的四点启示

那么，从这些调查的结果中能发现什么呢？有四点非常突出：

1. 调查参与度：我对大家参与调查并对我们的问题给予积极主动回应感到惊喜。管理 2.2 万亿美元资产的 37 家基金构成了一个可观的数据库。积极的回应表明，世界各地具有前瞻性的养老基金越来越把竞争性薪酬视为日益重要的战略组合工具之一。

2. 投资分配和结构：调查表明，这些基金正在使用各种各样的投资分配和结构（例如公开与私募市场、主动与被动以及内包与外包）

来完成任务。这些选择反过来影响组织的规模（即从一小部分全职雇员到超过 800）。这种多样性引出了一些重要的问题：这些差异是否由历史和文化引起？或是由于特殊的外部约束？还是合理商业模式的应用？或者上述原因的某种组合？

3. 薪酬水平和结构：也许并不出人意料，投资分配和结构的多样性伴随着同样的薪酬水平和结构的多样化，不管是在整个机构层面还是薪酬最高的五名员工层面。然而，从某种意义上说，这 37 家基金在薪酬水平和结构方面的相似性要胜于差异性。我们估计，在养老基金样本中，薪酬最高五名员工的平均薪酬中位数（46.1 万美元）大约是主要商业金融机构薪酬前五员工平均薪酬的 10%。例如，加拿大最大的商业金融机构之一，拥有 7260 亿美元资产和 72000 名员工，前五员工的平均薪酬是 610 万美元。同样，在养老基金的调查中，薪酬前五员工的基本薪酬 / 变动薪酬的比例约为 60/40，但在同样的商业金融机构中薪酬前五员工的基本薪酬 / 变动薪酬比例中位数则为 10/90。最后，调查显示，养老基金中薪酬前五的员工与除前五外其他员工薪酬比例的中位数相对稳定在 3.8 倍，在商业金融机构中该比例约为 50 倍。

4. 比较基准：在投资业绩考核方面，被调查的受访者表现出明显倾向于使用基于市场的基准的偏好。这反映了一种广泛持有的立场：低成本的参考投资组合，反映了风险承担者的风险容忍度，为考核较长周期内投资职能转化为价值增长的能力提供了最清晰的参考基准。许多受访者表示，理想情况下，考核期长度为 10 ~ 20 年，但实际上，很难将这些期限延展至超过 3 ~ 4 年。尽管如此，仍有少数受访者相信，如果长期绝对回报对资产基础的风险兜底者很重要，绝对目标回报也有基准的作用。这种投资目标的潜在双重性提出了一个重要问题：一个投资机构应如何定义、衡量和管理投资风险。根据前文所述，37 家基金机构中只有 8 家在投资业绩计算中对回报进行风险调整。

还有最后一个重要的问题：研究发现，总薪酬水平存在相当大的差异，这些差异的驱动因素是什么？回想前文，其中一个因素已经确定：存在外部施加的最高总薪酬限制。我们还能找到其他因素吗？

寻找高薪酬的驱动因素

以往的研究结果提供了去哪里寻找答案的线索。例如，戴克（Dyck）和波莫尔斯基（Pomorski）教授题为《越大越好？养老金计划管理的规模和业绩》的文章，发现了一个统计上显著的超额总基金收益来源，就是利用养老基金内部专门的投资团队大规模实施私募市场投资策略[①]。该策略成功的主要驱动力是投资成本的大幅减少，即不需要支付高昂的外部管理费。然而，这些私募市场策略的特殊性质也意味着，在基金内部吸引和保留必要的管理和专业人才需要相对较高的薪酬水平。结果就是，在养老基金中与投资相关的全职雇员越多，其平均总薪酬水平越高。

图 15.8 和图 15.9 表明，以全职雇员数衡量的组织规模确实是薪酬的一个重要驱动因素，特别是对于薪酬最高的五名员工。例如，全职雇员数最高的 25%基金的平均总薪酬中位数（除薪酬最高的五名员工外）为 15.9 万美元，而全职雇员数量最少的 25%基金同等条件下仅为 10.5 万美元。同样，全职雇员数量最高的 25%基金中薪酬最高的五名员工的薪酬中位数为 86.4 万美元，而全职雇员数量最少的 25%基金中该中位数为 37.5 万美元。这与之前的观察结果是一致的，全职雇员数量多的基金已经内设了大部分资产管理职能，特别是在私募市场领域，而在这些领域具有管理和操作经验、技能的人才也要求高薪酬水平。

---

① 戴克和波莫尔斯基：《越大越好？养老金计划管理的规模和业绩》，工作文件，罗特曼管理学院，多伦多大学，2011年。

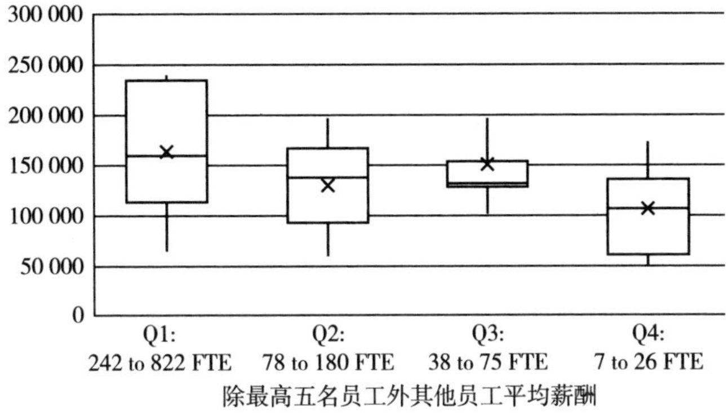

	Q1	Q2	Q3	Q4
最大值	239 603	196 486	271 099	173 625
75分位	235 067	167 542	152 613	137 018
中位数	159 317	137 141	131 205	105 259
25分位	113 547	93 031	128 301	60 776
最小值	65 352	60 171	102 901	49 580
× 平均值	164 433	130 217	149 004	105 834
家数	8	10	9	10

图 15.8　按全职雇员数分类的平均薪酬－整个基金（除薪酬最高的五名员工外）

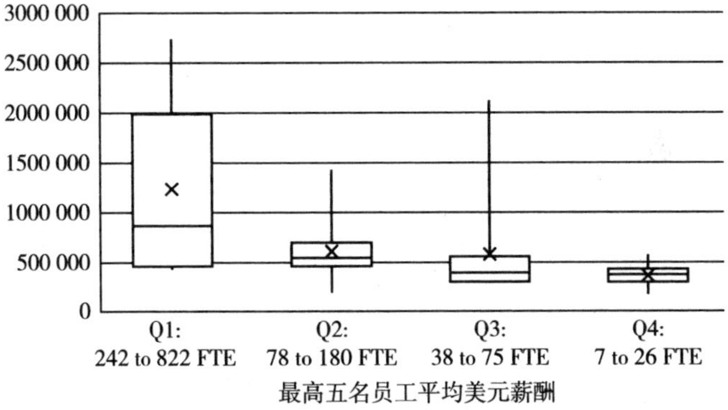

	Q1	Q2	Q3	Q4
最大值	2717 820	1447 488	2110 920	590 135
75分位	1971 508	698 056	563 314	428 258
中位数	864 450	544 220	392 568	375 420
25分位	452 782	443 978	296 320	299 011
最小值	425 034	188 625	291 036	177 000
× 平均值	1237 698	607 830	608 561	374 863
家数	8	10	9	10

图 15.9　按全职雇员数分类的平均薪酬－薪酬最高的五名员工

资料来源：KPA 咨询服务有限公司。

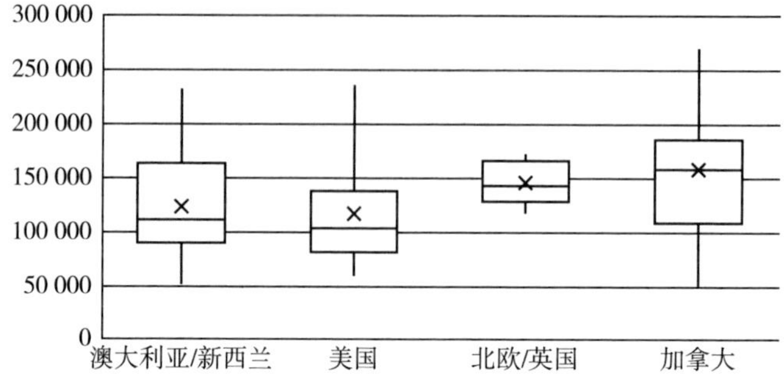

除最高五名员工外其他员工平均薪酬

最大值	234 238	237 553	170 925	271 099
75分位	163 648	137 018	165 832	185 034
中位数	110 635	103 788	141 909	158 481
25分位	88 973	80 959	127 748	109 625
最小值	49 580	60 171	117 054	51 377
× 平均值	123 878	117 615	144 252	157 193
家数	9	10	8	10

图 15.10　按地区分类的平均薪酬 – 整个基金（除薪酬最高的五名员工外）

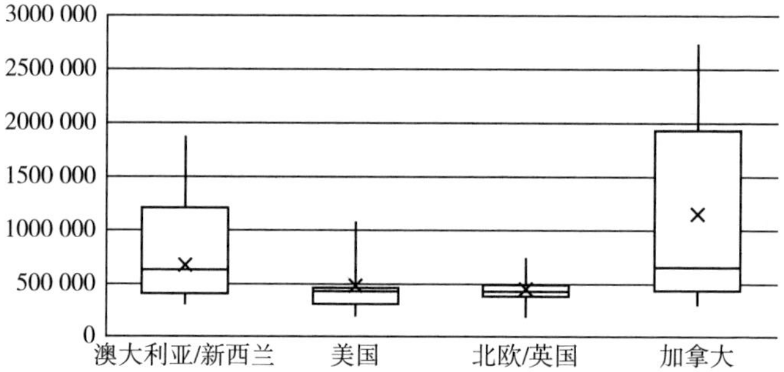

除最高五名员工外其他员工平均薪酬

最大值	1872 901	1060 000	729 907	2717 820
75分位	614 160	454 824	476 075	1945 062
中位数	507 541	430 458	415 431	646 062
25分位	388 968	314 487	367 185	412 233
最小值	291 937	188 625	177 000	289 498
× 平均值	644 650	466 265	423 641	1135 192
家数	9	10	8	10

图 15.11　按地区分类的平均薪酬 – 薪酬最高的五名员工

资料来源：KPA 咨询服务有限公司。

众所周知，加拿大的大型基金在私募市场内部化战略上已经走在了最前列。因此，我们可以期待看到，这会在四个地理区域的薪酬水平分布图上反映出来。图 15.10 和图 15.11 显示，事实确实是这样，特别是在总薪酬区域的上端。基金平均总薪酬（除薪酬最高的五名员工外）的 75 百分位数，加拿大的是四个地区中最高的，为 18.5 万美元，而薪酬最高五名员工的 75% 百分位数为 195 万美元。

五个结论性观察结果

五个结论性观察结果如下：

1. 投资分配 / 结构：在 37 家基金的样本中，这是一个重要的薪酬驱动因素。相当一部分投资活动的内包（特别是在私募市场）提升了高薪酬的全职雇员数。调查中发现的高薪酬“加拿大效应”主要是归因于这种现象。戴克和波莫尔斯基的文章检验了这种分配 / 结构选择的经济性，发现它的净值增长主要是因为在外部费用上节省了大量成本。这是所有大型基金的高级管理层和理事会应该解决的一个战略问题。

2. 薪酬水平：相对于一般工资水平而言，世界各地养老基金的高级管理人员和投资专业人员薪酬较高（虽然有明显的例外），但与商业性的金融服务行业类似职位的薪酬水平相比较时，薪酬就不那么丰厚了。在某些情况下，这是由于外部对基金薪酬的限制。强加这种约束的思维应当被仔细推敲。另一方面，养老基金是否需要与商业性金融服务业在总薪酬基础上直接竞争以此获得人才，这是不明确的。养老基金可以而且应该是有趣的、令人兴奋的工作场所。同时，养老基金还有公共服务的因素，也将吸引一群有才能的人致力于将退休储蓄以一种创造性的方式进行投资。

3. 薪酬结构：许多基金的基本薪酬 / 可变薪酬比例落在了 50 / 50 区域内，而且进一步将可变薪酬在组织 / 个人与投资表现之间进行相对平衡的分配似乎是明智的。机构应当认识到，在正确的组织和个人目标上制定和实现正确的关键业绩指标（KPI）将永远是长期业绩的关键驱动因素。

4. 投资基准：调查表明，大多数基金将其基准大幅倾向于相对市场投资方针变量，而不是绝对回报目标。这种方法的明显好处是，即使金融市场正在经历低潮阶段，超额回报仍可继续获得奖励。一些外部观察者提出反对意见，当普通公民或养老金计划参与者正在经历经济困难的时候，基金经理不应该获得潜在的可观奖励。我们认为，这两种观点都是合理的。因此，问题不在于是选择某种基准方法还是另一种，相反，问题在于它们的相对权重。作为一个实际操作问题，给予相对市场方法更大的权重有强有力的案例。然而，我们也认为，不管基金是否产生超过一些预定目标的回报，在绝对回报方法上赋予一些非零权重，会向基金利益相关者发出强烈和积极的“团结”信号。

5. 薪酬与风险管理：全球金融危机引发了全世界的金融机构们对激励性薪酬与风险承受关系的重新审视。在许多情况下，包括在养老金部门，这导致了风险管理职能部门的重组，以确保激励性薪酬结构不会导致过度冒险。这反过来需要制定一项风险调整标准，只有少数授受调查的基金在这样做。与往常一样，风险调整设计的挑战是将技能驱动的结果与风险驱动的结果分开。调查结果证实，这仍然是养老基金管理行业未充分探讨的一个领域，需要行业投入较多努力来制定和实施风险调整标准，来帮助分离已实现收益和业绩基准报酬中的技能 / 风险因素。

简而言之，投资部门的薪酬制度及其应用实施将继续成为养老金领域有待持续推进的一项工作。

第 16 章

投资理念与组织设计：两者在您的组织内是否一致？

媒介即信息。

——马歇尔·麦克卢汉

近期的一次理事会对话

本章标题中提出的问题是最近在与欧洲一家大型养老金机构的理事会成员们谈话时的话题。这次谈话的启示广泛而深远，足以作为本书的一个章节。

谈话是带着这样的目的展开：为养老金计划参与者的退休生活提供足够的财务保障。由此，我们以一种非常有用的操作性方式，解决了清晰地表达和构造投资理念的挑战：换句话说，以一种在理念、投资目标、投资方针和组织结构之间建立逻辑关系的方式。接下来，我们转移到这个问题的与人有关的部分。理事会、机构的总经理和专业职能部门各自的职责是什么？从设计到有效实施需要什么样的人？需要什么样的激励结构来吸引和留住这些人？所有这些问题依次得到了解决。

投资理念

养老金机构的理事会们是否应该清楚地阐明投资信念？当然，他们应该这样做。除非理事会的决定是由一个基础牢靠的、清晰明确的投资理念来指导，否则理事会成员将无法履行他们的受托责任，为受益人的最大利益行事。那么，从哪里开始寻找这样的投资理念？

我计划从以下三个点来展开讨论：

1. 凯恩斯的“选美比赛”比喻：在他的《就业、利息和货币通论》第 12 章，凯恩斯阐述了他的投资理念，区分了大多数机构投资者所进行的短期交易游戏和少数机构投资者投入的长期财富创造努力[①]。我们今天的问题是：在过去 75 年里，投资理念真正改变了多少？如果答案是“不多”，为什么不多？

2. 丁伯根（Tinbergen）的“双目标－双工具”原则：丁伯根因为证明了要实现的经济目标数量必须与为实现它们的工具数量相匹配，在 1969 年被授予诺贝尔经济学奖[②]。因此，举个例子，两个投资目标（例如回报追求和负债对冲）需要两个单独的工具来实现它们（后面将更详细地说明）。

3. 托宾／夏普的分离定理：詹姆斯·托宾（James Tobin）和比尔·夏普（Bill Sharpe）因其在投资理论取得的成果获得了诺贝尔奖（1981 年和 1990 年），他们的成果包括分离定理和资本市场线[③]。该成果在回报追求和负债对冲的资产组合间做出了明确的区分，并明确了两者之间最佳权重的决定方式。

---

① 凯恩斯:《就业、利息和货币通论》，麦克米伦1936年版。

② 见德·里奥和豪利特：“超越政策设计中的‘丁伯根法则’：匹配政策组合中的工具和目标”，载于《政策设计》年度综述2013年。

③ 见伯恩斯坦：《资本观念演进》，约翰威立2009年版。

如果一个理事会采纳凯恩斯、丁伯根、托宾和夏普理论中的理念，那么它的行动影响是什么？它们对阐明养老金机构的投资目标、投资方针以及投资结构设计意味着什么？这就是下一次谈话要讨论的话题。

双目标 – 双工具

当预期回报提供无风险替代品的收益加上所需的风险溢价时，追求回报的理性投资者才会出价购买现金流。根据凯恩斯的理论，如果投资目标是长期财富增值 / 保值，那么最重要的就是投资的初始收益率（即初始收益与价格比率）以及预期增长率（实际收益率加通货膨胀率）和该现金流随时间推移的可持续性。投资期限越长，任何时间点的现金流变化对其市场价格的影响就越小。换句话说，只有选美比赛投资者才关注证券市场的短期价格变化。长期投资者有一个截然不同的目标：确保养老金参与者的受益权（例如为退休生活补充资金）在 15、25、35 和 45 年之后得到满足。短期资本利得或损失不再重要，剔除支出后的长期可持续现金流才是重要的。

这是否意味着短期一点也不重要？当然不是。今天的养老金领取者希望在本月底、下个月和之后的几个月领取他们的养老金。养老基金一个截然不同的投资目标就是确保这些月度领取要求能够得到满足。因此，养老基金不仅应该有一个长期回报目标，而且还要有一个短期的确定性支付目标。

这提出了一个有趣的问题：回报追求和确定性支付的投资组合在任何时间点上，它们各自的规模大小应该是多少？答案取决于两方面：

1. 任何客户 / 计划成员组内的各项需求：①确保 15、25、35、45 年之后经济生活中的受益权，以及②接下来（例如 10 ~ 20 年内）的必要的支付安全。这两种类型的要求不是相互排斥的。许多个人客户/计划成员可能都会需要一些。

2. 回报追求和确定性支付投资的相应定价。例如，简单的计算显示，在2000年，相对于支付安全投资的价格，回报追求投资的价格通常非常高，例如，标准普尔500指数的1%股息收益率与通货膨胀指数债券4%的收益率。这两种工具的相应定价现在更加平衡，例如，标准普尔的2%股息收益率加上另外2%净股票回购收益率，而通货膨胀指数债券的收益率为0.5%。

这里还有另外一个重要问题。个人客户/计划成员对回报追求和支付确定投资组合有什么法定权益？广义而言，个人客户/计划成员通过持有投资份额来参与回报追求的投资组合。从逻辑上说，这里并没有支付保证。相比之下，支付安全组合可以提供支付保证。但是，这些保证将在其被购买时反映市场价格。因此，举例说明，现在的利率较低，过去利率高于现在时，1美元、1英镑或1欧元买到了未来更高的支付保证。

管理回报追求组合

随着双目标和双工具的问题得到了解决，理事会们应当考虑如何跟踪和监督两种投资工具的战略实施。让我们从回报追求投资组合开始。一个简单的投资回报等式将有利于对重要的实施问题展开讨论：

$$投资回报=Y+G+\Delta CAP-E$$

换句话说，任何投资回报都可以分解为四个部分：起始收益率Y加上收入增长率G加上收入资本化率（CAP）的正负变化（Δ）减去所有的投资费用（E）。长期投资者将主要对Y、G和E感兴趣：我的起始收入与我的购买价格有什么关系（Y）？随着时间推移，收入流的增长前景是什么（G）？管理投资需要我支付多少费用（E）？明显的，通过上下文可知，Y 和 E 是“已知的”，而 G 最多只是一个可信的、有据可查的预测，或在最坏的情况下黑暗中手法娴熟的一枪射击。

投资收益等式是理事会们与机构的高级管理层和投资专业人士之间在构建和监督回报追求投资组合策略方面展开对话的一个很好的话题催化剂。例如：

- ✧ 它建立了跨越公开市场和私募市场投资机会的谈话（即在两种类型的市场中相同的回报组成部分以及相关的投资费用）。
- ✧ 它促进在公开市场和私募市场中进行主动管理的意义的讨论（例如，公开市场的主动管理是否意味着选美比赛投资？还是意味着投资者积极参与公司董事会和管理，例如企业战略、高管薪酬和股利政策）。
- ✧ 它引起了对于管理投资费用重要性的关注（例如，私募市场潜在的更高的回报并不意味着他们会带来同样更高的费用和分成）。
- ✧ 它将风险管理讨论集中在正确的问题上（例如，在回报追求投资组合中，Y 和 G 需要保持多大程度的相关性）。
- ✧ 它将传统的财务和环境社会治理（ESG）考虑纳入同一对话中（例如，长期收入流的可持续性必须考虑包括环境，社会和治理质量等因素）。

理事会和管理层必须制定一个类似的对话框架来解决支付安全投资组合的问题。

管理支付安全投资组合

讨论框架现在从评估长期回报方面转变为确保足够的财务资源，以应付在未来 10 ~ 20 年内到期的应计和累积确定性支付义务（正式无风险支付对冲策略在 20 年以后变得越来越不切实际，尤其是在实际回报上）。以下设计问题应当得到解决：

✧ 退休后收入流的目标（例如，和第一支柱养老金一起，维持退休前收入的 60%）以及该收入流的形态（例如名义收入或通货膨胀指数化的收入和(或)先增加后随年龄下降的收入)。

✧ 退休收入流的长度（例如，开始时的目标年龄以及如何提供长寿保险）。

✧ 将回报追求的投资组合中的份额转换为支付安全池中的索取权的过程（例如，何时、以什么速度让未退休的养老金计划成员往其份额中投入现金，来购买对支付安全资产的索取权）。

✧ 如果对这些问题的最佳答案（即基于证据的答案）有助于定义养老金计划的默认选项，对于这些希望个性化自己退休生活、对退休资金拥有更大自主决定权的养老金计划参与者，养老金计划如何设计才能最好地满足他们的“选择退出”愿望？

✧ 默认选项设置如何应对债券收益率曲线和预期风险溢价的变化（例如 2000 年的定价与今天的定价）？

✧ 随着养老金计划成员从青年工人到老年工人，到退休人员，如何就他们在金融生活之旅中所处的位置更好地进行沟通？

管理支付安全资金团队的基本任务是维持资产负债表随时间推移的偿付能力和支付流动性。因此，他们必须了解全球债券和衍生品市场。一个有趣的问题是恰当衡量风险承受能力的潜在范围。例如，资产负债表的资产一侧是否都是评级为 AAA 的主权债务？是否应该通过采用信用专家分析的方式来提高获取收益的空间？这个问题值得仔细考虑。

对机构的启示

现在，与理事会的对话转向了这些对机构的启示：有些启示是显而易见的，其他的则不那么明显。最明显的启示可能是，养老金机构应该有两类投资职能，一类侧重于长期回报追求的目标，另一类侧重于支付安全的目标。这些职能应该内包还是外包就不太明确了，如果纯粹是经济学和成本效益的问题，答案将是显而易见的。这有两个逻辑上的原因：

1. 在构建投资职能时，是能够收获实质性的规模经济效应的。因此，一般来说，大型的资产池有机会受益于小型资产池无法提供的规模经济效应。

2. 然而，如果大型资产管理机构无法吸引和留住所需的能够熟练执行两种投资职能的内部人才，则规模机会将被浪费。一般来说，与内部相比，从外部获得所需的专业技能要贵得多。此外，外包需要对附加的代理问题进行管理。

不幸的是，许多养老金机构在这方面有一个问题。他们不能直接接触到必要的劳动力资源，能使该机构成为上述的顶级养老金服务提供者。在专业投资市场具有高水平技能和经验的人是昂贵的，在许多情况下过于昂贵而不能被养老金机构所用。

理事会的困境

所有这些都使大型养老金机构的理事会陷入两难境地。调整投资理念和组织设计使其一致是一项重要的受托责任。但一方面，机构内部的大额薪酬包使理事会们被外界诟病，认为他们支付得太多了，违背了受托责任，特别是在基金回报低甚至是负数的时候。另一方面，如果他们明知通过外包而不是内包会招致不必要的费用，他们可以说是实际上违反了他们的信托责任。

这将是下一次理事会会议的一个有趣议题。

第 17 章
挪威、耶鲁还是加拿大？投资模式的比较

挪威政府养老基金和耶鲁大学的捐赠基金都由炙手可热的大卫·斯文森管理，已经成为资产管理的行业标杆，一篇新文章比较和审视了他们的声望。

——《aiCIO》杂志

加拿大的呼唤

本章的标题来自于电子杂志《aiCIO》的一篇题为《挪威与耶鲁模式：谁赢？》[①]的文章，它引用了大卫·钱伯斯（David Chambers）、埃尔罗伊·迪姆森（Elroy Dimson）和安蒂·伊尔马宁（Antii Ilmanen）的文章《挪威模式》（2011 年 10 月）[②]。这篇文章相当详细地描述了挪威政府养老基金（GPFG）的投资模式，并使用耶鲁大学捐赠基金的模式作为评估其有效性的标准。作者总结说，挪威模式“已经成为世界各地投资者的范例……是与耶鲁模式一致的、引人注目的可选模式……”

本章提供了一个非常不同的、与上述观点形成鲜明对比的视角。本章认为，耶鲁模式充其量是以边际价值作为基准，来评估挪威模式

① 瓦萨：“挪威与耶鲁模式：谁赢？”，载于《aiCIO》杂志，2012年2月14日。

② 钱伯斯、迪姆森、伊尔马宁：“挪威模式”，载于社会科学研究网，2011年10月。

的有效性。一个更有意义的比较基准是加拿大投资模式，诸多在全球受到称赞的基金都在使用这种模式，如加拿大养老金计划投资委员会（CPPIB）、安大略教师退休计划（OTPP）以及加拿大其他主要的养老基金和省投资机构，如阿尔伯塔省、不列颠哥伦比亚省和魁北克省。

见多识广的全球机构投资环境观察者们近年来已经对加拿大模式了解得很清楚。它也越来越受到媒体的关注[①]。挪威模式是否像它对于耶鲁模式一样，是与加拿大模式一致的、引人注目的可选模式？这是本章要解决的非常有意义的一个问题。

一个有意义的比较

为什么加拿大模式是一个更有意义的比较？原因有二：

1. 规模：总的来说，加拿大模式适用的资产池规模与挪威模式（1 万亿美元）非常相似；与此相反，耶鲁捐赠基金的规模不到以上任何一个模式规模的 3%，仅有 250 亿美元。

2. 思想基础：加拿大模式的思想基础来源于凯恩斯提出的投资框架和彼得·德鲁克提出的组织设计模型。可以说，耶鲁模式开始于同一个思想基础，但它的规模太小，阻碍了其投资理念的实施，并且，它对耶鲁大学首席投资官大卫·斯文森的依赖也阻碍了它的可复制性。相比之下，挪威模式的思想基础最初来源于 20 世纪六七十年代由马科维茨、夏普、林特纳、托宾、法玛等人发表的现代资产定价模型。在组织结构设计方面，它受到了"认识程序论（epistemic proceduralism）"的影响（即机构需要展示透明的程序以建立合法性，

---

① "枫叶革命"，载于《经济学人》，2012年3月3日。

尽管由此产生的监督和决策结构可能不是最佳的）[①]。

挪威和加拿大模式之间的思想基础差异带来的影响如下文所述。

投资模式的竞争

这本书已经注意到凯恩斯对投资模式框架的选择。他在选美比赛投资和真正投资之间做了一个关键的区分。在选美比赛模式中，投资专业人士参与一个连续的零和博弈（实际上扣除交易和管理成本后为负和博弈），猜测六个月之后市场将认为哪些投资最出色。与此相反，真正的投资是一项艰苦工作，是将储蓄转化为生产资本的物理过程，是将不确定的现金流投入到近期和遥远的未来，判断它们是否达到或超过某些预设的回报率。

如果这就是一个专业的投资机构对其投资世界的构建，它有三种投资风格可以选择：它可以加入选美比赛；它可以选择不玩，成为一个搭便车的被动投资者；它也可以选择获得必要的技能，成为“将储蓄转化成生产资本”的投资者。加拿大模式就是以这种方式看待世界的，明确地放弃了前两个选择，采纳了第三种。

在 20 世纪六七十年代产生的现代投资理论是凯恩斯一般投资框架中的一个特例。在这种特殊情况下，所有投资者都具有相同的信息、使用相同的投资模式，因此在任何时间点都有相同的回报预期。这些回报预期只有当新信息到达市场时才会改变。投资定价基于他们对相对市场投资组合的贝塔的认知。因为非市场风险不会得到回报，为使投资组合面临的非市场风险最小化，应当付出特别的努力。至少

---

① 感谢戈登·克拉克（Gordon Clark）和阿什比·蒙克（Ashby Monk）提供的这种观点。见他们的文章“挪威政府养老基金：道德高于效率”，载于《罗特曼国际养老金管理杂志》，2010春季刊。

从历史上看，挪威模式在很大程度上采用了投资界的观点，它已经被允许拥有一些回旋的余地，可以从事少量的主动管理。

组织模式的竞争

在组织结构方面，第一章阐述了我对彼得·德鲁克关于建立高业绩养老金投资机构的方程式的解读。它有五个关键要素：

1. 使命明确性和组织自主性。
2. 良好的管理。
3. 明智的投资理念。
4. 适度规模。
5. 合适的团队。

加拿大模式包含了所有这五个成功要素。明确阐明的组织使命在组织责任和自治权之间取得平衡，以此建立的法律结构。一流的提名委员会成立起来，以确保理事会成员具有必要的技能 / 经验以及强烈的社会责任感。努力确保组织的投资理念根植于纷乱的现实世界，而不是高高在上的现代投资理论。足够的规模转变为强大的内部策略，特别是在昂贵的私募市场领域（例如房地产、基础设施、私募股权）。最后，加拿大基金以其将储蓄转化为私募市场领域的生产资本和在上市公司融资、治理中的实践经验，越来越受到人们的欢迎。

在这成功五点因素方程式中，挪威模式没有像加拿大那样得到同样分数。例如，虽然其基金有明确的使命，但挪威仍在为组织责任、自主权和完善治理之间实现适当平衡而努力挣扎。它需要克拉克和蒙克认识程序论的观念来解释组织设计 / 决策链，从挪威议会到财政部到挪威央行，到挪威银行投资管理公司，最后到一个外部的投资代理和顾问网络。为清晰起见，我承认这个程序链在挪威可能是必要的，因为其基金在政治意义上是可持续的。然而，这个链条也应当被认为是创新性财富创造中一个潜在的实质性障碍。

挪威基金程序化的管理结构也引出了关于五因素成功方程式内投资信念、规模和人员要素的重要问题。例如，基金的投资理念在多大程度上受到程序约束的影响，而不是以它自己的方式来看待世界的本来面目？它是否使用其大规模和预期多年的正现金流来最大化它的收益？它是否雇用有实际经验的人，将储蓄转化为生产资本？这里的每个问题都值得仔细努力地探究。

哪种基金模式会赢？

演绎逻辑表明，如果你相信凯恩斯和德鲁克的联合智慧和见解，如果你相信这些见解可以有效地在现实世界中实施，那么你应该相信加拿大模式将产生更高的净风险调整回报率。另一方面，如果你认为现代投资理论摸清了现代机构投资的基本情况，你应该把赌注押在挪威模式上。这里是否有任何确定的证据支持一种模式或另一种模式？是的，有。

安大略教师退休基金是挪威基金的逻辑比较对象。前面的章节提到，在1990年其作为采用加拿大模式的第一只基金重生之前，它是一个政府机构，只投资不可流通的安大略省政府债券。在80年代中期，政府委托进行了一项研究，研究的目的是如何使安大略教师退休基金（和其他省级机构）成为效率更高、更有价值创造能力的机构。研究提出了加拿大模式，并建议安大略政府和安大略教师联盟采用该模式[①]。建议被采纳了，安大略教师退休计划（OTPP）诞生，并任命

① 报告由我之前担任首席顾问的罗万Task Force公司完成。报告题为《为谁的利益？》，发布于1987年。

了一个高质量的董事会。董事会吸引到一个高质量的管理团队，并授予其广泛的权限，以此为基金的利益相关者创造可观的价值。该项授权和其应用模式到现在已经工作 25 年了。

表 17.1　投资结果——安大略教师退休计划和挪威基金

投资结果——1998 ~ 2014 安大略教师退休基金对比挪威基金		
	安大略教师退休基金	挪威基金
基金收益	8.76%	5.81%
参考投资组合收益	6.94%	5.56%
超额收益	1.82%	0.25%
平均管理成本	0.22%	0.09%
净超额收益	1.60%	0.16%
错配 / 跟踪误差风险	0.60%	0.40%
收益 / 风险比率	2.7	0.4

资料来源：安大略教师退休和挪威基金年报和 KPA 咨询服务有限公司。

表 17.1 显示了安大略教师退休计划和挪威基金自后者于 1998 年成立以来的投资业绩。在计算投资业绩时，我们剔除了不同的投资目标、风险承受度和货币制度的影响。这些差异的大部分都被两个参考投资组合考虑到。这使我们得以计算相对于被动执行参考投资组合的超额收益。接下来，扣除平均管理成本，计算出净超额收益。这些净超额收益提供了一个公平的基础来检验两种模式在 16 年评估期内各自为其利益相关者产生的超出被动市场风险敞口价值的能力[①]。

等式的风险一边呢？安大略教师退休计划是否采用了更具风险

① 两家机构采用不同的方式报告他们的回报和管理成本。在挪威案例中，“基金回报”是一个总回报，“平均管理成本”包含外部费用和内部投资管理支出。在安大略教师基金案例中，“基金回报”扣除了外部费用，“平均管理成本”仅代表内部管理支出。然而，这种回报和支出的不同处理方式对两个“净额外回报”的计算没有影响，仍具有可比性。

的策略，以此来获得每年额外的 1.6% 收益？解决这个问题的一个统计方法是，看其主动投资程序在其资产负债表中的不匹配风险相对于被动参考投资组合产生的不匹配风险增加了多少额外收益波动性。表 17.1 表示额外收益波动率大约为 0.6%，这意味着安大略教师退休计划的主动管理回报 / 风险比为 2.7（即 1.60 / 0.60）。挪威基金对其进行的投资没有明确的责任。然而，挪威基金确实衡量了其主动管理程序产生的“跟踪误差”收益波动率与参考投资组合的回报率：1998 ~ 2014 年期间跟踪误差波动率为 0.4%。这意味着挪威的主动管理回报 / 风险比为 0.4（即 0.16% / 0.40%）。

表 17.1 的结果表明，这两个基金都成功地实现了 1998 ~ 2014 年期间各自的目标。然而，由于所采用的投资和组织模式的重大差异，对于安大略教师退休计划、挪威政府养老基金和其各自的利益相关者来说，成功的定义是不一样的。在安大略教师退休计划的案例中，这意味着在持续的一段时间内产生实质性的额外财富，同时仅承担适度的额外风险。在挪威政府养老基金的案例中，这意味着承担适度的额外风险，来获得一小部分额外的财富。特别地，它们各自的回报 / 风险比率表明，在 1998 ~ 2014 年期间，安大略教师退休计划每单位风险产生的附加财富是挪威政府基金的近七倍。

»» 挪威基金未来的最佳出路

值得赞扬的是，挪威人并不害怕要求就他们基金的最佳出路寻求建议。他们雇佣了一个常设的四人战略专家委员会（我们引用的《挪威模式》文章的两位作者正是该委员会的成员）。他们还偶尔委托外部专家进行专题研究，以支持该委员会的工作。房地产已经被批准为新的资产类别，一个此类投资计划已经开始运营。这些团体还推荐了什么其他东西吗？被引用的论文提供了一个列表，包括以下五项：

1. 在建立基金以及监控和管理其风险敞口时考虑额外风险因素（除了资产风险以外）。然而，关于这些因素如何定价的问题仍然有待讨论。可能的例外就是价值股的持续低估和非流动性溢价的存在。

2. 在自上向下要素分配中更加主动，而非仅在自下而上的证券选择中主动。

3. 基于更强的宏观经济，新兴市场和信贷研究及分析，简化和集中固定收益投资组合。

4. 发挥基金的规模和期限优势，逆向投资方法应当进行探索并开始使用。此外，考虑卖出各种形式的保险（例如，卖出股票波动性和尾部风险保险，买入正持仓）。

5. 随着组织越来越大、越来越复杂，与不断增长的数据、系统和 IT 需求保持同步。

总的来说，这些是值得挪威人考虑的合理建议。但重要的是认识到，它们主要源于一个从 20 世纪六七十年代的现代投资理论演变而来的投资模型和一个由认识程序化驱动而非组织效率驱动的组织模型。

挪威应该尝试加拿大模式吗？

挪威是否应该考虑采用加拿大模式？鉴于其令人信服的逻辑性和业绩记录，加拿大模式似乎值得认真考虑。“赞成的意见”包括以下四项：

1. 如挪威政府养老基金采用加拿大模式，它将成为凯恩斯主义投资者的典范，使不可再生的石油财富成为可持续的财富增值的资本。

坚持联合国责任原则，确保转换过程在明确的环境、社会和良好治理规范中进行。

2. 其多元化的投资执行策略使其成为一个前瞻性的、创新的、价值增值的先驱投资者，运行在多个财富创造链的前面，而不是后面。

3. 该基金成为全球投资人才的“磁铁”，这些人才希望将资本主义制度建设成一个可观的向善的力量，而不是贪婪的力量。

4. 与此同时，将给当代和未来的挪威人创造财富，其潜在的增长速率显著高于目前的挪威模式。

相反的，我能想到两个反对的论点：

1. 采用加拿大模式意味着将挪威银行投资管理公司移出挪威央行，并将其设立为一个咫尺之遥的国家企业（例如挪威投资管理公司，NIMC）。做出这种重大的组织变革存在许多障碍。

2. 任何错误的执行都可能导致挪威投资管理公司失败。知易行难。

这是值得挪威人深思的方面。

第 18 章

养老金机构的企业文化重要吗?

文化是一个共同价值体系，它定义什么是重要的……以及为组织成员定义适当态度和行为的规范。

——奥雷利和查特曼

文化是一个共同假设的模式，已经被一个团体习得，已经运行得足够好，被认为是有效的，因此被教给新成员作为正确的方式来认知，思考和感受对机构重要的事项……

——艾德佳·沙因

解决文化问题

给定上述的两个定义[①]，在养老金机构的设计、治理和管理中，文化是否值得考虑？养老金顾问罗杰·厄温（Roger Urwin）和麻省理工学院的安迪·罗（Andy Lo）当然会认为值得。厄温最近已在会议上讨论文化问题。罗刚刚发表了一篇 38 页的论文，题为《葛登·盖柯效应：文化在金融业中的作用》[②]。

回顾前面章节的主题，本书也涉及机构文化问题，如定义和衡

① 奥雷利和查特曼：《文化作为社会控制：公司、文化和承诺》，JAI出版社1996年版；沙因（Schein）：《组织文化和领导力》，巴斯出版社2004年版。

② 罗：《葛登·盖柯效应：文化在金融业中的作用》，为联邦储备银行纽约分行准备，2015年。

量养老金机构应为利益相关者创造的价值，阐明受托责任的意义和影响，与利益相关者清楚地进行沟通，设计和实施有效的薪酬结构等。本章将从正面解决文化问题。根据罗的文章结构，它探讨了文化的含义、为什么它是重要的以及如何在机构中培养良好的文化。

坏文化，坏结果

罗在他文章的开头回顾了1987年电影《华尔街》中著名的葛登·盖柯（Gordon Gekko）的演讲。葛登·盖柯宣扬“贪婪是好事”。他告诉我们，盖柯的角色（由迈克尔·道格拉斯（Michael Douglas）扮演）不是完全虚构的。在他被定为内幕交易罪之前，实际上伊凡·博伊斯基（Ivan Boesky）于1986年在加州大学伯克利分校发表了一个类似的主题演讲。罗向迈克尔·刘易斯（Michael Lewis）表示致敬，刘易斯在他1989年的书《说谎者的扑克牌》中也抓住了那些事件的精髓[①]。

在他文章的后半部分，罗回顾了20世纪80年代后期金融业的一些惊人的破产案例，指出机构文化在这些破产案例中的（负面）作用：

- 长期资本管理公司（LTCM）：长期资本管理公司由三个人〔约翰·梅里韦瑟（John Meriwether）、罗伯特·莫顿（Robert Merton）和迈伦·斯科尔斯（Myron Scholes）〕创立，每个人都对自己的专业技能和能力（例如对市场的理解、高智力和出众的风险管理数学方法）非常自信。同样重要的是，长期资本管理公司的出资者认为，这些专业的技能和能力创造了一个独特的“零风险”机会，能让每个人都赚钱。实际上，长期资本管理公司是一家高风险、试验性金融工程公司，在其他公司从来没有尝试过的领域使用杠杆。所有这一切，导

① 刘易斯、迈克尔：《说谎者的扑克牌》，诺顿出版社1989年版。

致了 1998 年在由俄罗斯政府债券违约引发的金融危机中长期资本管理公司的衰落和华尔街的大规模救助。

✧ 美国国际集团（AIG）：长期以来，AIG 由首席执行官汉克·格林伯格（Hank Greenberg）以“封建式”的方式进行管理。他要求他的管理层终身忠诚，并作为保险担保人亲自管控美国国际集团的主要风险敞口。由于担心总体风险，美国国际集团的董事会在 2005 年将格林伯格替换成马丁·萨利文（Martin Sullivan）。萨利文在几十年前作为办公室助理开始他在美国国际集团的工作，之后稳步上升。然而，沙利文不是格林伯格，他认为美国国际集团的风险管理系统可以在没有格林伯格式的紧密监督的情况下运作，但事实并非如此。金融产品集团通过在有毒抵押债务（CDOs，高风险抵押贷款）上大规模发行信用违约掉期（CDS，违约保险）进行欺诈。所有这些导致沙利文被解雇，并在 2008 年 9 月全球金融危机期间再次引发大规模救助。

✧ 雷曼兄弟：这家公司提供了另一个由“华尔街大猩猩”——迪克·福尔德领导的封建式文化的例子。然而，不像格林伯格，福尔德没有风险管理意识。雷曼兄弟垮台的一个关键因素是福尔德通过会计手段隐藏其真正的财务状况和杠杆程度，达 500 亿美元。外部法律和会计公司对其造假提供了便利，但这些手段从未向雷曼兄弟的董事会或 SEC 披露。雷曼在 2008 年 9 月申请了破产保护。直到今天，福尔德仍声称他没有做错。

✧ 法国兴业银行（SG）：在最多的时候，初级交易员热罗姆·凯维埃尔（Jerome Kerviel）未经授权持有了 490 亿欧元股指期货多头头寸，而此时该银行的风险资本总额只有 260 亿欧元。到头寸被平仓时，他已经给法国兴业银行带来了 64 亿欧元亏损。通过内部调查，发现他的第一任上司对他的小笔（但高于他的权限）日内交易视而不见。这个上司离职后，在长达三个月的时间里凯维埃尔无人监督。他的下一位上司也没有履行必要的风险监测程序。那时，凯维埃尔的交易还处于赚钱状态，为其下达交易指令创造了一个宽松的环境。最后，是法兴银行的会计 / 监管部门叫停了凯维埃尔未经授权、无人监管且现在看来非常极端的交易行为。这是怎么发生的？显然，因为法兴银行的高级精英管理团队认为自营交易团队是产成现金的死水，不值得高级管理层的注意。

✧ 美国证券交易委员会（SEC）：2008 年 12 月，大骗子伯尼·麦道夫被自己的儿子告发，并承认在 2009 年 3 月实施巨大的庞氏骗局计划。在此之前，证券交易委员会曾有八次机会追查麦道夫，从 1992 年开始，有客户的投诉，有专家对麦道夫投资业绩不可能性的统计分析以及媒体文章对他业务运作合法性的质疑。然而，这些情况没有被 SEC 认真追查。美国政府问责局（GAO）被委派去寻找没有追查的原因。罗报告说，问责局发现证券交易委员会当时被"缺乏使命感""士气低下""缺乏内部沟通"和"对外部批评高风险厌恶"等问题折磨，处于病态的文化中。为解决这些问题，问责局提出了七条建议，显然，这些建议正在对证券交易委员会产生了积极的作用。

如果坏文化产生坏结果，那么好文化就会产生好结果吗？

好文化，好结果

罗在他的论文中提到了一个好文化带来好结果的案例：美国国

家运输安全委员会。回顾迈克尔·刘易斯（Michael Lewis）2014年的书《快闪小子》（*Flash Boys*），我把加拿大皇家银行也添加到好文化带来好结果的例子中。刘易斯是这样讲述闪电男孩故事的："这些人中的一个……一个加拿大人的一切……愿意在美国金融世界里打开一扇窗户……它仍然让我喘不过气来"[①]。

简而言之：

✧ 美国国家运输安全委员会（NTSB）：美国国家运输安全委员会是一个没有监管权限的政府机构。它的任务是调查交通事故，仔细研究交通事故的原因，并就今后如何避免这些事故提出建议。它和世界其他地方的同类其他机构建立了非凡的运输安全记录，在几十年间拯救了许多生命。与美国政府问责局在关于美国证券交易委员会的调查报告中描述的情况形成鲜明对比的是，国家运输安全委员会的文化描述用语包括"清晰的共同目标和职责""强大的声誉和士气""权威的专业知识"和"凝聚有效的团队合作"。

✧ 加拿大皇家银行（Royal Bank of Canada，RBC）：布拉德·胜山（Brad Katsuyama）是刘易斯"闪电男孩"故事中的主角（他接纳了华尔街高频交易中抢先交易的文化），加拿大皇家银行是他背后的机构。当胜山和他的团队开发了索尔（Thor）——一种与高频交易（HFT）人群进行斗争的电子武器。加拿大皇家银行面临着一个选择，它是使用索尔为自己获取经济利益呢，还是用它作为一个工具来创造一个更公平、更透明的市场？值得赞扬的是，"皇家银行好人（RBC nice）"（反映了它认为的企业文化）选择了后者。感激的机构投资界没

① 迈克尔·刘易斯：《快闪小子》，诺顿出版社2015年版。

有忽视这个决定。在格林威治联营公司发布的机构股权交易调查中，加拿大皇家银行的质量排名从 2009 年的 19 位上升到 2010 年的第 1 位。谁说好人（和好的机构）总是排在最后呢？

坏文化产生不良结果，好文化产生好结果，我们应该从这些故事里得到什么启发呢？机构文化的驱动因素是什么？

一个生物学框架

罗认为，我们必须超越经济学及其“理性行为人（rational actors）”的假设，来了解机构文化。一个生物学的框架更有用：什么样的传输机制创造了好文化或坏文化？他提出三点：领导力、团队组成和环境。

1. 领导力：像汉克・格林伯格或迪克・福尔德这样有魅力的领导者通过个性的纯粹力量来驱动机构文化变好或变坏。然而，魅力不是唯一可能的文化传输媒介。使命、传统、傲慢和贪婪等因素也可以发挥重要作用。例如，在美国国家运输安全委员会的好文化案例中，拯救生命就是一种强有力的机构激励因素。可以说，在法国兴业银行和加拿大皇家银行案例中，传统因素发挥了重要但截然不同的作用。在法国兴业银行案例中，精英传统认为交易是一个低级的职能，不值得浪费高级管理层的时间。在加拿大皇家银行案例中，“加拿大皇家银行好人”的传统是用来便利客户的，而不是机构利用信息优势从客户身上获取利益。最后，技术上的狂妄自大很好地说明了长期资本管理公司的毁灭，而贪婪解释了它出资者的血本无归。

2. 团队组成：组织的招聘流程是一个重要的文化驱动因素。例如，华尔街向来有从著名的常春藤盟校招聘“最好和最聪明的”的做法，布拉德・胜山就是因此加入加拿大皇家银行的。与此形成对比，迈克尔・刘易斯是一个有才华但低调的人，从一个非常好但很小且非著名的加拿大大学被雇用。刘易斯注意到，加拿大皇家银行有一个不成文的“无捣乱者”规则。用直白的语言表述就是，那些大声喧哗、认为他们比任何人都厉害的人不会适应“加拿大皇家银行好人”的文化，因此无须申请。

3. 环境：麦道夫的故事表明，SEC 的不成文规则似乎是，不惜一切代价避免上头条和外部的批评。这种文化特质使麦道夫的受害者在几十年的时间里付出了数十亿美元的代价。在更广泛的范围内，海曼·明斯基（Hyman Minsky）的金融不稳定性假说表明，在不需要（显然）承担大量风险就能轻松赚钱的环境中，我们所有人都变得更加容忍风险。在这样的环境下，投资视野缩小，一些机构发现快钱后面潜伏危机的能力也减弱。当轻松赚钱的音乐停止，许多这些机构会因同时退出而被踩踏。

当我们用这种生物学框架来探索养老金机构中的文化问题时会发生什么？

养老金机构的文化问题

虽然养老金机构中存在彻底的不当行为，但他们极少发生。用罗的框架来说，原因可以归于组织文化传输的所有三个来源。养老金机构的存在是为了帮助成员在其退休后维持生活标准。因此，在逻辑上，养老金机构寻求被这种组织使命吸引的人。至少在纸面上，养老金机构声称，将他们的眼界从金融市场的短期起伏提升至关注他们管理的养老金计划的长期可持续性以及这些计划所处的经济环境。

话虽如此，还有许多文化问题值得探索：

- 法律结构：养老金机构是一个独立的正常机构，还是一些较大的母机构，如政府工会或公司的附属物？正常的养老金机构可以选择如何实现他们的使命。他们可以选择大胆创新或保守传统。作为附属物的养老金机构没有这种选择权，他们必须采取他们母体的文化立场。一个正常的例子就是安大略教师退休金计划在1990年设立时选择的大胆创新的立场。相比之下，上一章提到的挪威政府养老基金，例证了处于控制链末端时的限制后果，从议会、财政部、挪威央行、最后才到实际管理挪威政府养老基金的部门。

✧ 高层的声音：除了法律结构，养老金机构的受托人理事会（以及它是怎么被选择/被选举的）是其文化的另一个重要决定因素。安多诺夫（Andonov）、鲍尔（Bauer）和克勒默（Cremers）最近的一项研究证实，通过合理的基于业绩的流程选举的理事会比通过政治过程选举的理事会更有可能展示出思想和行动的独立性。政治驱动的治理过程与更多的冒险性和更低的回报相关联[①]。

✧ 投资理念：罗在金融市场的机械有效性市场假说和他的更现实的自适应市场假设之间做出了重要的区分。金融市场运作的机制观产生了机械的投资教条。自适应观点提供了创造性的视野来逆向思考如何产生超额回报。本书关于投资理念和长期投资的章节反映了这种适应性的立场，采用它需要一种创造性的、富有进取精神的文化。

✧ 组织结构和薪酬：规模创造了内部投资的机会，而不是委托外包进行投资。但是，内包也会产生名誉风险。大型机构比小型机构需要更多的治理和高级管理资源。此外，内包私募市场投资意味着在高薪劳动力市场上竞争人才。这很容易导

① 见安多诺夫、鲍尔、克勒默："养老基金资产配置和负债贴现率"，载于社会科学研究网，2015年。

致公众的批评，尽管事实上从整体来说，内包私募市场项目可以将成本降低至外包这些项目的10%。再次，有效的投资职能内包需要创造性的富有进取精神的文化。

总之，文化在养老金机构中是否重要？是的，它很重要。正如在其他领域一样，具有良好文化的养老金机构比拥有不良文化的机构更有可能为其成员/客户带来好的结果。你的机构文化有多好？

第四部分

养老金投资

投资：通过支出资金，将它投入到财务计划、股票或不动产，或用它来开发商业投资，以期望实现利润或获得物质结果。

——《牛津在线词典》

第 19 章

投资回报是可预测的吗?

理性预期和有效市场的理论表明，在系统的基础上，超越市场是不可能实现的……虽然许多投资者不能在长期内跑赢市场，但有些投资者已经取得令人羡慕的、良好的历史记录。

——伍迪·布洛克

协调投资理论与实践

现在，通过负债匹配债券组合购买支付安全的成本是昂贵的。虽然这么高的成本对于要求明天领取的支付安全的投资者来说并不重要，但是对于长期投资者来说，这是非常重要的。这些投资者寻求以可承受的价格来维持 20 ~ 30 年后的退休生活标准。对于这些后来的投资者来说，现在购买具有合理的通货膨胀保护和适度的实际增长前景的多元化股息流似乎是一个更好的建议。例如，100 美元投资在 2%的债券，20 年后本息合计有 150 美元。相比之下，投资 100 美元的蓝筹股权，投资组合收益率为 4%，股利增长率为 3%，每年将产生 7%的回报，使 100 美元大幅增加至 20 年后的 400 美元（这假设股票在此后的 20 年间继续为 4%的收益率）。

这两个计算只是例证吗？还是可靠的 20 年回报预测？如果它们是回报预测，可能会有多大的准确度？还有，我们如何考虑风险和不确定性？最后，投资理论有助于解决这些问题吗？换句话说，我们认为金融市场如何运转、如何做出回报预测以及这些预测如何转化为实际投资决策？我们如何确保这些问题之间的一致性？这些具有挑战性的问题就是本章要讨论的主题。

关于回报可预测的论点

前不久，伍迪·布洛克（Woody Brock）发表了一篇论文，对本章中问到的一些问题提供了新的视角，包括上面的引言[①]。通过逐步的演绎推理过程，他得出了一系列重要结论：

- 虽然理性预期和有效市场的双重理论产生了优雅的结果（例如，任何投资者都不可能在系统基础上超过市场），但其潜在的基本假设与现实却不是很契合。
- 首先，经济和资本市场结构是动态的，而不是静态的。政治、人口、技术、生产力和气候变化等领域确实在发生结构性变化。理解这些动力及其影响会获得比较投资优势。
- 接下来，虽然现代技术确实使得世界各地的投资者能够广泛即时地接触到新公共信息，但所有投资者不会一致相同地解读，正如有正确的解释，就会有错误的解释。
- 进一步，错误偶尔会高度相关并且持续，恶化金融市场的错误定价问题。例如，这些互相关联的错误造成了 20 世纪 90 年代末的网络泡沫以及不到 10 年之后全球金融危机中的住房 / 杠杆 / 证券化泡沫。
- 虽然经济和资本市场结构是动态的，但它们确实运行在某些终极逻辑、统计平均数和边界内，比如市盈率和股息率与利率、国内生产总值增长与利率、劳动力与资本收入占 GDP 的比重。

---

① 布洛克：《跑赢市场的逻辑基础》，SED公司2013年版。

✧ 所有这些，为投资理念符合现实和已经制定了必要的纪律来执行的投资者创造了投资机会，因此，逻辑上确实可能超越市场。

就本章中的开始问题而言，布洛克的文章表明，做出与历史、理性预期和有效市场理论可能不一致的回报预测可能是一个理性的合理的活动。需要注意的是，做出这样的预测应该基于一个从逻辑（演绎）和事实（归纳）视角来看都是一致的清楚的框架。

罗的适应性市场假说

来自 MIT 的安德鲁·罗（Andrew Lo）在 2004 年《组合投资管理期刊》（Journal of Portfolio Management，JPM）的文章《适应性市场假说》里描述了这样一个框架。他从对比经济学家和心理学家的不同观点开始，心理学家通过归纳（即通过观察和实验）来构建理论，经济学家倾向于采用另一种方式：从抽象理论到实证确认。罗认为，理论经济学家对理性预期和有效市场理论的喜爱是内部强制要求一致性的结果，因此，他委婉地提出，这些理论已经失去了它们的大部分实际运用价值。

如果我们要发展具有实际运用价值的资产定价理论，他说道：我们必须把理论上芜杂的社会学纳入其中。这意味着理解人类行为，这反过来又意味着要接受人们不是“理性的效用最大化追求者”，而是“有限的理性满足者”。总之，人们在形成投资信念，做出财务决策时会大量试错。因此，罗提议将适应性市场假说（AMH）作为有效市场假说（EMH）的更有实际操作意义的替代方案。果然，在布洛克的文章中，适应性市场假说导出了许多相同的结论：

✧ 风险/回报关系将不稳定。例如，股权风险溢价将可预见地变化，基于各种市场参与团队的相对规模大小和偏好。

✧ 套利机会将存在。寻找和理解复杂的机会将存在正回报的可能性。

✧ 各种投资策略的受欢迎程度将会有起落。

✧ 研究和创新会有正回报。

布洛克和罗都没有明确地将组织结构纳入其分析框架。然而，可以说，构建一个有用且可操作的基于目标的投资理论是一个难题，而组织结构就是这一难题的重要组成部分。

凯恩斯的“选美比赛”式投资者

凯恩斯会喜欢罗的适应性市场假说理论，但还会将其扩展到包括机构投资者的激励和行为上。在他著名的《就业、利息和货币通论》（1936 年）第 12 章中，他注意到，大多数专业投资者似乎完全乐于参与零和的“选美比赛”博弈。博弈的目标是猜测从现在开始的短暂时间（例如六个月）内市场上哪只股票会被视为最出色的股票。通过早日获得这些所谓的出色股票，成功的投资者将会获得更高的回报。凯恩斯指出，这个博弈可以由专业人士来参与，只要他们的客户愿意支付他们维持业务所需的费用。

凯恩斯将这种主流投资风格与一个小众的逆向投资者团体进行了对比。逆向投资者试图将储蓄转化为生产资本，这是非常艰苦的工作，需要投资者真正了解他们投资的业务，并对管理这些业务的人的质量进行评估。然而，凯恩斯观察到，这种难度更大、富有成效的工作几乎不被市场认可。正如他观察到的著名现象，“是长期投资者在促进公众利益，在实际中他们却受到最多批评……如果他们短期内无法成功，他不会得到多少怜悯。世俗的智慧教导我们，以常规的方式失败，比以非常规的方式成功，对声誉更为有利”。

阿克洛夫的“柠檬”理论

尽管他形象地描述了20世纪30年代不正常的投资社会百态，但凯恩斯并没有直接解释为什么客户雇用（到现在仍继续雇用）专业的“选美比赛”投资者。直到1970年，诺贝尔奖得主乔治·阿克洛夫（George Akerlof）在他著名的《柠檬市场》文章中给出了一个合理的解释[①]。阿克洛夫认为，原因在于买家和卖家之间的信息不对称。如果卖家对他们要卖的东西比买家对他们要买的东西了解得更多，那么买家会付出太多、得到太少。阿克洛夫以二手车市场为例阐明了这个理论工作的原理（“柠檬”的出处）。当然他也可以在投资管理服务市场中阐明他的工作原理。

如果选美大赛投资管理服务的买家真正了解这个博弈的零和性质，大多数人肯定会停止付多得少的行为。但实际上，基于他们现有的手段，大多数人永远看不透这一点。用凯恩斯的话来说，大多数买家仍认为以常规的方式失败，比以非常规的方式成功，对声誉更为有利。因此，这是我们手头一个真正市场失灵的案例，这只能通过创建专业的信托投资机构，法律上要求它唯一地以其客户的最佳利益来行动，市场才能得到补救。幸运的是，已存在这样的机构，并且数量正在增加。

德鲁克的信托投资机构

我们已经见过彼得·德鲁克和他的《看不见的革命》。其关键

① 阿克洛夫：“柠檬市场”，载于《经济学（季刊）》，1970年8月。

的信息之一是，用来定义任何有效机构的原则：使命清晰、主体和代理之间的利益一致、知情的监督、强有力的执行力、适当的规模以及在必要的劳动力市场中的竞争力。有效的养老金机构也概莫能外。通过推理，具有这些属性的养老金机构应该能够以合理的成本为客户/受益人创造价值。这些理论在实践中有用吗？

数据限制致使这个问题难以用传统统计方法进行回答。幸运的是，这种情况正在改变。之前的章节叙述了 1980 年代中期我个人参与建立德鲁克养老金机构，最终创建了全球受人尊敬的安大略教师退休金计划（OTPP）及其长达 25 年的卓越投资记录。越来越多的养老机构已经在同样的德鲁克原则上建立或正在建立。

同时，研究中的数据限制问题正在减少。因此，如引用过的戴克和波莫尔斯基所写的标题为《越大越好？养老基金管理的规模和业绩》的研究报告，在机构投资业绩的驱动因素上给出了新的重要启示[①]。该报告写道：随着养老基金资产价值的增加，净超额收益随之增加。一个重要的业绩驱动因素是，随着资产规模的增加，私募市场的内包投资有所增加，从而在不降低总回报的情况下大大降低资产管理成本。安大略教师退休计划（OTPP）就是这些内包策略的早期成功实践者。

安集思的回报预测历程

在章节介绍中提到，我个人从 1969 年开始寻求回报预测问题的答案。太阳人寿想衡量其证券分析师关于股票排名的预测准确性，看他们是否足够好，以作为回报预测工具在该机构的投资组合管理过程

① 戴克和波莫尔斯基："越大越好？养老基金管理的规模和业绩"，载于社会科学研究网，2011年。

中使用。这种微观衡量工作在 20 世纪 70 年代被推广到许多机构和方法论者。在我与吉姆·法雷尔（Jim Farrell）1979 年发表文章《主动管理能否增加价值？》[①]时达到高潮。这个问题的答案是：“是的，它可以增加边际价值，如果投资机构可以系统性地处理数百个低信息含量的 α 预测”。

我还在 20 世纪 70 年代形成了一个长期宏观回报预测过程[②]。至此，这种基于场景的方法已经演变成了“过去 100 年的七个连贯投资阶段”叙述，从那以后我一直在更新。这种用讲故事的方法来“占卜”未来回报前景是有用的吗？对我个人和我的长期客户来说，是肯定的。用凯恩斯的话来说，“以非常规的方式而成功”。下一章将提供这一表述的最新进展。

回到起始问题

那么在本章开始时关于股票和债券的 20 年回报预测计算是否可靠？我相信是可靠的。他们以布洛克和罗所写的市场定价现实为依据。但这只是故事的一半。同样重要的是，要询问如何将这种回报预测与以合理的成本为客户 / 受益人创造价值联系起来。解决这一制度设计和治理挑战需要凯恩斯、阿克洛夫和德鲁克的洞察力。虽然可靠的回报预测是产生客户 / 受益人价值的必要条件，但它们还不够。这些预测还必须转化为真正满足客户 / 受益人需求的投资决策。这就是德鲁克型养老金机构发挥作用的地方（见第 12 章、第 13 章和第 17 章）。

① 安集思和法雷尔：“主动管理能否增加价值？”，载于《金融分析师期刊》，1979年。

② 安集思：“美国股票价格和利率：从三至五年视角看”，载于《金融分析师期刊》，1977年。

第 20 章

21 世纪的投资收益

皮凯蒂（Piketty）认为：从第一次世界大战到 20 世纪 70 年代的这 60 年时间是一个异象……然而这时期已离我们远去……未来资本的年化收益率可能下滑至 18 ~ 19 世纪 5% 的历史水平之下……

——安集思（Keith Ambachtsheer）①

对投资理念的反思

前面章节已提到，投资理论在继续不断地发展。正如托马斯·皮凯蒂（Thomas Piketty）认为的，第一次世界大战到 20 世纪 70 年代的这 60 年时间是历史进程中社会经济的异象，有效市场假说（EMH）正逐渐地被当作投资领域的有趣异象。有效市场假说并不能指导思考投资市场如何真实运行，也不能帮助树立能够指导我们管理他人财富的投资理念。

第 19 章提到安德鲁·罗提出了一个有效市场假说的合理替代假说：适应性市场假说（the adaptive markets hypothesis），简称 AMH。他解释：该假说使用生物 / 进化的方法代替机械的“物理”方法来理解投资市场及其中的人们。驱动市场的因素并不是冷静和理性的计算，而是贪婪和恐惧。类似地，华盛顿大学的海曼·明斯基（Hyman

① 摘自本书第4章。回到第4章来更多了解皮凯蒂以及这里提到的历史背景。

Minsky）也提出金融不稳定假说（the financial instability hypothesis，FIH）。他认为，一旦进行投机冒险，发达经济体的金融稳定性便自然成为未来不稳定性的来源。直到人们意识到全球金融危机为金融不稳定假说在实践中提供了生动的教科书案例（明斯基时刻），明斯基的研究才逐渐受到重视[①]。

给资本市场讲个故事

前面的章节也已经提到，自20世纪70年代以来，我沿袭了安德鲁·罗的适应性市场假说和明斯基的金融不稳定假说，基于表20.1刻画的历史来叙述和更新我自己对资本市场的理解。基于以下三个原因，这一框架仍将是有力的工具。

1. 这张表格反映了金融不稳定假说，提醒我们金融市场总是倾向于在情绪逐渐乐观的阶段和逐渐悲观的阶段之间摇摆。

2. 这张表格还反映了适应性市场假说，因为这些摇摆的倾向能够以可预见的方式影响资本市场的定价。日益膨胀的乐观情绪将推升风险资产价格，实现丰厚的风险回报，从而压低预期风险溢价水平。与之相反，日益膨胀的悲观情绪将导致风险资产价格下跌，实现负风险回报，从而推升预期风险溢价水平。

3. 这张表格有助于我们对过去投资时期、目前正经历的投资阶段以及从一个时代到另一时代的变迁阶段进行重点讨论。

例如，几年前我认为“双重泡沫”时期已在2010 ~ 2011年左右结束，随之我们正进入到新的“资本主义成熟阶段”。目前的挑战是想象这一全新时期是如何演变发展的。来自表20.1的一个线索是，与先前的悲观情绪不同，我们倾向于将这一时间阶段划分为乐观情绪

① 可以通过电影《Boom Bust Boom》来了解海曼·明斯基和他的金融不稳定假说。可以联系在Cardano的MarjaKoolschijn了解更多（m.koolschijn@cardano.com）。

时期。

表 20.1　自第一次世界大战后进入第八个资本市场阶段

投资阶段	投资者思维	大约时间跨度	分红收益率变化	已实现的权益风险收益
第一次世界大战	悲观	10 年	5% → 7%	–5%
兴旺的 20 年代	乐观	10 年	7% → 4%	+12%
肮脏的 30 年代 / 命运攸关的 40 年代	悲观	20 年	4% → 7%	0%
美国主导下的和平年代（第一阶段）	乐观	20 年	7% → 3%	+8%
可怕的 70 年代	悲观	10 年	3% → 6%	–3%
美国主导下的和平年代（第二阶段）	乐观	20 年	6% → 1%	+9%
双重泡沫惨淡时期	悲观	10 年	1% → 2%	–6%
资本主义成熟阶段	乐观?	20 年?	2% →? %	? %

股票收益数据来自迪姆森（Dimson）、马什（Marsh）、斯汤腾（Staunton）所著《投资收益百年史》[①]。债券收益是根据真实收益率为 2.5% 的虚拟 CPI 挂钩债券计算得出。如果采用“双重泡沫”期间真实的长期通货膨胀保值债券（TIPS）收益，则已实现的权益风险收益将为 –10%。

资本主义成熟阶段的常规总结

现今关于未来悲观的预测有四大关键因素：

人口特征：随着人口老龄化，发达国家的劳动者 / 退休者比例从 4 : 1 降低到 2 : 1，消费、资本形成和生产率将减缓，从而降低经济增长率。

---

① 译者注：《*Triumph of the Optimists*》全名《*Triumph of the Optimists*：101 *Years of Global Investment Returns*》，译为《投资收益百年史》。

财政赤字：家庭和政府通过举债来维持收支平衡。但这难以永远持续下去，总会有最后算总账的一天。举债也抑制了未来的经济需求，从而对经济增长前景产生不利影响。

地缘政治风险：我们似乎总是面临着地缘政治风险，自信的中国、好战的俄罗斯，还有总上新闻头条悬而未决的中东。

环境风险：环境风险以全球变暖、天气状况变化等形式发挥作用，从而引起大规模的洪涝和干旱。由于生产总成本的内生化（例如碳排放和水污染），随之而来的是与资产相关的金融风险日趋严重。关于这方面的更详细讨论见第 27 章。

如果上述的四大因素能够完全刻画当前资本主义成熟阶段的特征，我们将要考虑的是它们将如何反映在市场对类似股票这样的长期金融资产的定价上。现今，标普 500 指数的收益率为 5%，而长期历史均值为 6% ~ 7%。简而言之，关于人口特征、债务、地缘政治冲突和环境变化的悲观情绪并没有反映在美国风险资产的定价中。欧洲和新兴市场股票的定价相对来说更为保守，收益率分别为 6% 和 7%[①]。为什么股票价格不会无限制地下跌？威廉·伯恩斯坦在其《财富悖论》一文中给出了貌似合理的解释[②]。

财富悖论

伯恩斯坦给出了四个原因来解释为什么成熟的资本主义要好于大多数人的预期。

1. 科学理性主义：如果断言所有值得发现和发明的东西都已经被发现或者发明出来，未免太过于悲观了。在这个世纪，新的发现和发

① 基于GMO LLC发表的研究。

② Bernstein（2013），“The Paradox of Wealth”，Financial Analyst Journal.

明仍将持续积累并增加社会财富。

2. 财产所有权受到法律的保护：支持这一繁荣因素的证据比比皆是。富有的发达国家已将产权纳入法律保护，而贫穷的发展中经济体如果也这么做，将从中受益良多。

3. 有效运行的资本市场：尽管现实支持适应性市场假说和金融不稳定假说，有效运行的资本市场对于将储蓄大规模地转化为创造财富的资本至关重要。机构投资者能够也理应在推动资本市场的有效运行中发挥重要作用。

4. 现代化通信与交通运输技术：仅仅生产和提供消费者需要的产品和服务是不够的。他们需要去了解这些产品和服务，并能便捷地获得它们。为此，通讯与交通运输技术在提高有效性、降低成本的方向上持续发力。

现在讨论伯恩斯坦的悖论：从逻辑上看，发达经济体社会财富的不断积累并不意味着资本回报率的提升。事实上恰恰相反：财富的积累理论上会降低资本回报率。为什么呢？因为资本生产率的增长降低了对新资本的需求。与此同时，即期消费紧迫性降低也增大了资本的供给。

同样，在《21 世纪资本论》一书中，皮凯蒂也得出了“未来资本回报率降低”的结论。他通过计算发现，18 ~ 19 世纪，法国和英国的生产性资本（包括房地产）的回报率稳定在 5%。然后他发现，在第一次世界大战、大萧条、第二次世界大战等较长的时期里资本发生毁灭，而随之而来的第二次世界大战后重建的高速增长期 / 婴儿潮时期伴随着高额的资本回报（即表 20.1 中美国主导下的两个和平年代）。那个时期已经离我们远去。展望未来，高收益机会逐渐减少，社会财富和收入进一步集中带动潜在储蓄率上行，他预计生产性资本的回报率必将从 5% 下滑到 4%。

标准普尔 500 指数：进一步审视

回过头快速浏览表 20.1，发现表格证实了伯恩斯坦和皮凯蒂“资本回报率降低”的判断。我们注意到，在美国主导下的和平年代（第一阶段，即 20 世纪 50 年代），标普 500 指数的股息回报率达到 7%。而 50 年后，也就是美国主导下的和平年代（第二阶段）的尾声，标普 500 指数的股息回报率下降至 1%。表 20.2 使得我们能够对双重泡沫惨淡时期（大约是 2000 ~ 2010 年）和资本主义成熟阶段前四年的标普 500 指数有更深入的认识。要读懂这一表格，需要事先给出如下定义：

表 20.2 双重泡沫惨淡时期到资本主义成熟阶段的标普 500 指数基础数据

年份	股息收益率	净回购收益率	分红收益率	留存收益率	盈利收益率	长期 TIPS 收益率	隐含 ERP	指数值	当年净利润
2000	1.20%	0.70%	1.90%	1.70%	3.60%	3.70%	–0.10%	1320	$50
2001	1.30%	0.80%	2.10%	0.00%	2.10%	3.50%	–1.40%	1148	$25
2002	1.60%	0.80%	2.40%	0.60%	3.00%	2.70%	0.30%	880	$28
2003	1.80%	1.10%	2.90%	2.10%	5.00%	2.30%	2.70%	1112	$49
2004	1.70%	1.50%	3.20%	1.80%	5.00%	1.90%	3.10%	1212	$59
2005	1.80%	1.70%	3.50%	2.50%	6.00%	2.00%	4.00%	1248	$70
2006	1.90%	2.20%	4.10%	2.00%	6.10%	2.80%	3.30%	1418	$82
2007	1.90%	4.10%	6.00%	–1.50%	4.50%	2.50%	2.00%	1468	$66
2008	2.60%	2.40%	5.00%	–3.60%	1.40%	2.40%	–1.00%	903	$15
2009	2.50%	0.90%	3.40%	2.30%	5.70%	2.00%	3.70%	1115	$51
2010	2.00%	2.10%	4.10%	2.70%	6.80%	1.80%	5.00%	1258	$77
均值	1.80%	1.70%	3.50%	1.00%	4.50%	2.50%	2.00%		
2011	2.10%	3.10%	5.20%	1.80%	7.00%	0.80%	6.20%	1258	$87
2012	2.30%	2.60%	4.90%	1.40%	6.30%	0.40%	5.90%	1426	$87
2013	2.10%	2.40%	4.50%	1.60%	6.10%	1.60%	4.50%	1848	$100
2014	2.10%	2.60%	4.70%	0.70%	5.40%	0.80%	4.60%	2059	$103
均值	2.10%	2.70%	4.80%	1.40%	6.20%	0.90%	5.30%		

资料来源：彭博、标准普尔、Garland、Lazonick。

股息收益率：当年支付的股息除以指数的年均值。

净回购收益率：当年股票净回购除以指数的年均值。总回购股数通常可获，而新发行股数不可获。根据粗略测算，我们假定新发率相对较低，每年占股票价值的 0.5%。

分红收益率：股息收益率和净回购收益率之和。

留存收益率：盈利收益率与分红收益率之差。这是标普 500 公司在支付股息、进行净回购后的留存收益除以指数的年均值。

盈利收益率：当年净利润除以指数的年均值。

长期通货膨胀保值债券（TIPS）收益率：年末 30 年期通货膨胀保值债券收益率。

隐含权益风险溢价：盈利收益率与长期通货膨胀保值债券收益率的差值。这样的计算方法简单假定未来真实盈利零增长，因此可以说是对长期风险溢价的保守估计。

指数值：年末指数值。

净利润：当年的净利润。

通过表 20.2 可以清楚地知道，为什么双重泡沫惨淡期如 2000 年这个分析框架预计的那样痛苦：在当时隐含的权益风险溢价（ERP）为负值。直到 2010 年，隐含 ERP 才回升至合适的 5% 水平。值得注意的是，尽管最近标普 500 指数较 2010 年上涨了 800 点，但权益风险溢价仍保持在 4.6%。

投资者是否仍无须担心？相较于 2000 年的情形，当然“是的”。如果①指数中的美国股票的真实盈利水平仍能维持或增长；且②长期通货膨胀保值债券收益率与当前水平相比没有剧烈变化，那么答案也可能为“是”。此外，早前也已发现：欧洲和新兴市场股票市场相较于美国股市要更为便宜。

表 20.2 指出了另一个趋势：相较于 2% 的股息率，净回购收益

率持续明显上升。2000 年，净回购收益率不足 1%，而到最近，这一数字已接近 3%[1]。因此，相较于支付股息，当前公司更倾向于使用它们的利润来回购股票。此外，如果将这两部分收益相加（即得到分红收益率），得到的数字几乎与盈利收益率相等。这意味着，现在公司几乎将它们所有的盈利以分红或回购股票的方式分配给股东，而留存极少部分用于资本再投资。这也是资本主义成熟阶段到来的另一标志。

合理的定价

这一切将得到什么样的结论？最为重要的结论是：尽管在资本主义成熟阶段的前四年标普 500 指数增长强劲，但其估值水平并未处于泡沫区间。定价与当前所处的环境——较低的资本回报率、较低的增长率和较低的长期利率相一致。在这样的环境下，4% 的权益风险溢价并未掉出合理范围。

① 更详细的信息请参见Lazonick（2014），“Profits Without Prosperity”，Harvard Business Review，September。

第 21 章

将长期投资作为主流投资模式：仍有较大进步空间

现在企业和机构投资者正开始逐步迈向长期主义，并有足够的动力去改变现有行为，我对此表示乐观……[①]

——特里莎·惠特马什（Theresa Whitmarsh）

走向长期投资？

特里莎·惠特马什是华盛顿州投资理事会的执行总监，给出了三点理由来解释她对于长期投资趋势的乐观态度：

1. 目前普遍认为需要在现代商业经济特别是金融行业恢复信任。

2. 逐渐意识到资本主义需要更具包容性才能实现可持续发展（也就是必须造福于多数，而不仅是一小部分）。

3. 逐渐认识到由于碳排放引发的气候变化，将给 21 世纪可持续的财富创造带来威胁。

此外，她还指出，越来越多的证据表明：正是基于上述考虑，提出了延长时间期限的举措，以制定投资决策和评估决策成败。这些举措主要是围绕以下三个主题：

1. 机构投资者逐渐通过直接拥有资产来实现脱媒。

① 出自《罗特曼国际养老金管理期刊》（*Rotman International Journal of Pension Management*，简称*RIJPM*）2014年秋季刊的客座主编文章。

2. 机构投资者逐渐让它们的上市股票投资组合更加集中化，从而加强对被投资企业行为的影响。

3. 机构投资者与被投资企业形成更有效的合作策略，从而推动投资决策和公司决策都能被纳入更长的时间框架。

她指出，加拿大养老基金投资公司的马克·威斯曼（Mark Wiseman）和麦肯锡公司（McKinsey）的多米尼克·巴顿（Dominic Barton）倡导的聚焦资本的长期表现（Focusing Capital on the Long Term，简称 FCLT），是具有前景的新发展。聚焦资本的长期表现倡议的目标是“为投资界和商业界的长期行为构建实用的结构、指标和方法”。聚焦资本的长期表现所倡导的目标可以通过一系列的措施来实现，包括进行研究、组织论坛讨论、识别并坚持采用能够实现长期目标的实用方法等。

我认为可以做两件事情来支持聚焦资本的长期表现倡议。一是在专门的文章中将长期投资明确为议题，并为其提供令人信服的全新观点；二是基于全球大型养老金机构的样本，对当前机构投资者关于长期投资的思考和采取的措施进行问卷调查，评估现行状况。本章将汇报两方面的努力成果。

长期主义案例

在同一期《罗特曼国际养老金管理期刊》中，紧随惠特马什的文章的是一篇名为《长期主义案例》的文章[①]。为了使这一主题更具吸引力，这篇文章分别通过演绎方法和归纳方法进行了两次阐述。根据《牛津字典》的定义，该文章先使用“已知事物的一般性规律，

① Ambachtsheer（2014），“The Case for Long-Termism”，Rotman International Journal of Pension Management，Fall.

然后去认识特殊的情形和问题”（作为演绎的定义），然后颠倒顺序，（将归纳的定义）表述为“从一系列常见情形中总结推断出一般规律”。令人欣喜的是，这两种方法可以推得相同的结论，在文中表述为“长期主义逻辑缜密，也能获得较好的结果。它不仅是一个机会，更是一种责任。”

为什么可以得到如此肯定的结论？因为通过两种方法强调长期主义这一主题的过程使我更加信服它的作用。

1. 演绎方法。如果没有长期主义的视野，我们仍然处在以打猎和采摘为生的原始社会。正因为深谋远虑——这是有责任的长期主义——我们的祖先才开始储蓄，并将他们微薄收入中的一部分投资于种子、工具和居所，为的是让他们的孩子有更美好的未来。数百年后，这些投资变成了道路和船只，去探索更广阔的世界并实现了贸易。又过了几个世纪，我们的祖先生产出了铁路、飞机和汽车。甚至于到了今天，数百年之后，仍然会有更美好的未来。但是如今，我们生活在错综复杂的社会，深受委托－代理问题的困扰。委托－代理问题有三个重要功能维度：政治维度、商业维度、财务维度。根据粗略估计，长期来看每年代理问题带来的总成本达到了1.5%。如何重获这错失的财富创造潜力？以养老金机构为首的全球机构投资者注重资本长期回报，在降低代理成本方面很好地在扮演了“引导车”的受托者角色。从定性的角度看，这样的立场有助于培养良好的公民意识；从定量角度看，这将每年提升资本回报率1.5个百分点。

2. 归纳方法。文章的第二部分总结了四个投资者故事的共同点。独立地从投资者所处的时间和空间看，在超过二十多年的时间里，这四个投资者创造了详细记录的、相对市场基准的非凡超额收益。是什么样的特殊情形产生了卓越的投资业绩？这是因为这四个投资者的投资过程是在一组固定的投资理念指导下进行的，而这些投资理念恰恰根植于长期主义的哲学理念。在这四个投资者故事中寻找相似之处，我总结了6个，见表21.1。仔细对照你所在的组织：这六大特点在你的组织是什么样的情况？如果答案是“不是很好”，那么你所在的组织可能并不是严肃认真的长期投资者，在较长的时间阶段也不会产生非凡的超额收益。

机构调查

长期投资计划的成功实施往往有六个共同的特点，表21.1中将有效的治理归为其中之一。前面的章节已经指出，长期以来，有效的治理一直是我关注的领域，因此也参与了1997年和2005年关于养老金治理状况的两次相同的调查。为了支持注重长期资本的倡导，在2014年又进行了一次同样的调查。与1997年和2005年的调查相同，调查的参与度很高，资产管理总额达到5万亿美元的81家养老金机构管理者提交了完整的问卷[①]。

表21.1　四大投资者故事中的六个共同点

制定明确的投资立场并坚持
独立行动权
有效的内部治理与管理
具有竞争力的人力资本
投资实业
在自信和谦虚间平衡

第10章提到，在治理方面，此次调查要求养老金的首席执行官回答23个问题。关于这次调查的一个好消息是，与1997年的4.5分和2005年的4.7分相比，2014年调查中，养老金机构在治理方面的

① Ambachtsheer and McLaughlin（2015），“How Effective Is Pension Fund Governance Today? And Do Pension Funds Invest for the Long-Term? Findings from a New Survey”。这项研究可以通过kpa-advisory.com进行访问。

平均得分达到4.8分。因此，从平均意义上来说，治理质量似乎正缓慢地朝着正确的方向发展。而不那么好的消息是，在1997年和2005年调查中得分最低的5个问题，在2014年的调查中仍然获得最低得分。这意味着，理事会成员选拔、发展过程仍存在问题。这也导致了两个重要后果：一是理事会对运营事务的干涉（例如管理人选择）；二是人力资本约束（例如没有竞争力的薪酬政策）。

除了有效治理和具有竞争力的薪酬，表21.1列出了长期投资能够取得成功的其他四个因素：制定并坚持明确的投资立场、有独立行动权、投资实体企业（而不是交易上市证券）和愿意承担偶尔的失误。2014年调查问卷的第二部分评估了相关养老金机构是否存在这些成功因素。为此，此次问卷设计了22个额外的问卷问题，回答者需要和回答关于治理的问题一样，为这些问题进行从6到1的打分。

表21.2　　全球养老金机构长期投资现状

长期投资			
得分最高的问题	2014年平均分排名	得分最低的问题	2014年平均分排名
我们认为具备长期投资能力在价值创造上具有显著优势	1	如果我们认为积极参与公司治理是有必要的，我们（或者代表我们的管理人）就会对参与被投资公司（或组织）的治理有明确的规定	18
我们组织的投资政策说明书明确表述我们进行的是长期投资	2	每个长期投资部分都明确地给出了长期投资目标和短期下行风险的容忍程度	19
我们基金明确指定某些特定组成部分专门进行长期投资	3	我们评估长期投资基金的方法要与评估其他部分显著不同	20
我们基金有明确的整体配置政策来推动实施长期投资	4	长期投资基金经理的薪酬设置明确反映了长期投资视野	21

续表

长期投资			
得分最高的问题	2014 年平均分排名	得分最低的问题	2014 年平均分排名
我们认为我们长期投资方案将创造巨大价值	5	我们（或者代表我们的管理人）明确将环境和社会因素纳入到投资哪家公司的投资决策中	22

资料来源：Ambachtssheer and McLaughlin（2015），“How Effective Is Pension Fund Governance Today? And Do Pension Funds Invest for the Long-Term? Findings from a New Survey，” KPA Advisory Services Ltd.

关于长期投资的调查结论

养老金机构在长期投资方面的平均得分为 4.9 分（在治理方面的平均得分为 4.8 分）。因此，得分最低和得分最高的问题相对能提供更多的信息。

表 21.2 对得分最低和得分最高的问题进行了比较，并得出了重要结论。目前在长期投资方面，机构的愿望与具体实施之间存在着明显的差距。在表 21.2 的左栏，出人意料的是，养老金机构高度认同设计并实施长期投资计划的潜在价值。然而，表的右栏显示，真正实现这一潜在价值仍有很长的路要走：需要更清晰地阐明任务；重新设计绩效评估和薪酬体系；开发能有效参与公司治理的策略；同时在投资决策过程中综合环境和社会因素。

在调查问卷关于治理的部分，一些对于调查问题的真实回答为上述结论提供了一些支持：

“尽管我们承认自己是长期投资者……但在意同行的业绩对此形成了一定阻碍……”

“我们目前的监管要求显著制约我们成为真正的长期投资

者……”

“高额的外包费用是个问题……内包对于我们来说是长期投资的重要方面……”

“我们发现大部分外部投资经理与我们长期投资的愿望并不能保持一致……”

“尽管我们组织认同长期投资概念，我们仍然在为构建新的监督和指导框架而努力……我们需要新说法……”

这些调查研究结论带给我们的好消息是养老金投资计划逐渐融入长期投资的理念，并逐渐显现出它的好处——有益于社会，也助于提高投资收益。而不大好的消息是，在设计和管理长期投资计划上，实施现状和愿望相比仍有较大的差距。

第 22 章

长期投资 1：从知到行

最近关于公共和私人养老金以及主权财富基金的一项研究中，绝大多数受访者均表示，尽管能够进行长期投资是一项优势，但这些机构并不一定采取有效的实施策略 / 工具来帮助他们实现愿望……

——聚焦资本的长期表现倡议

聚焦资本的长期表现倡议

本章的前言来自于 2015 年聚焦资本的长期表现（Focusing Capital on the Long Term，简称 FCLT）倡议的主要工作成果——一篇名为《长期投资组合指南》（以下简称《指南》）的文章。它所引用的是安集思 - 麦克劳林（Ambachtsheer–McLaughlin）机构投资者调查的重要结论。这一调查之前已经在第 10 章中提及，并在前面一章进行了进一步的探讨[①]。其中一个重要的结论是：在长期投资方面，在理想和实施现实中间确实存在着鸿沟。

聚焦资本的长期表现倡议自 2013 年发起，目前得到了诸多具有影响力的国际投资界和业界领袖的支持。正如它的名称所代表的，聚焦资本的长期表现倡议的目标是重新聚焦到长期投资决策。在此，

① Ambachtsheer and McLaughlin（2015），“How Effective Is Pension Fund Governance Today? And Do Pension Funds Invest for the Long–Term? Findings from a New Survey”。这项研究可以通过kpa–advisory.com进行访问。

我们值得重温这一倡议的动机：

太多的投资者急功近利地持续寻求策略回报。公司因为担心季度盈利而错过较好的投资机会。企业管理层往往显著地低估了长期投资的价值，从而表现出长期投资不足。由于股票市场惩罚的是进行长期投资的公司，从而导致储蓄者丧失了潜在的收益机会。整个社会由于投资不足而错过了长期的增长和创新。

要改变这一令人沮丧的现状，聚焦资本的长期表现倡议认为要从四个方面采取行动。

1. 重新对机构投资者的投资组合策略和管理进行定位。

2. 通过参与治理与积极的股东管理来释放价值。

3. 促进投资者与企业之间的沟通对话。

4. 将董事会关注的重点转移到支持长期战略和可持续发展上来。

聚焦资本的长期表现倡议中《指南》的目的是为了支持第一方面的行动，它为机构投资者真正将重点放到长期投资决策上提供了实用的建议。本章总结了 54 页文档中五个关键的建议，并增加了我自己的一些看法与建议[①]。

在五大核心领域重新定位资产组合的策略和管理

在《指南》的前言部分，认可了 24 位投资专家做出的贡献。这些专家来自欧洲、美国、加拿大和亚太地区的 10 家投资机构，管理资产规模达 6 万亿美元。专家为《指南》设定的目标是在五大核心领域为推动长期投资价值创造提供一系列实践构想。这五大核心领域分别是：

1. 投资理念为坚定坚持长期投资策略、穿越短期震荡指引了方向。

① Focusing Capital on the Long Term（FCLT），“Long-Term Portfolio Guide”，March 2015. 完整的文档可以通过访问fclt.org获得。

2. 风险偏好陈述促使对关键风险和不确定性，相应的投资期限以及资产所有者对承担这些风险和不确定性的能力和意愿进行识别。

3. 基准制定应当能够度量长期价值创造，并能够区分策略本身与其实施的贡献。

4. 评估与激励通过强调长期结果协调委托人和代理人之间的经济利益。

5. 投资指引成为协调投资经理与资产所有者之间的利益和优先顺序等关系的重要机制[①]。

下面我们来进一步看看 24 位专家分别为五大核心领域提供的实践构想。

投资理念

在本节，《指南》将原理与实践案例研究融合到一起。其核心是强调“为什么”的问题：为什么清晰的投资理念对于成为成功的长期投资者如此重要？《指南》给出了六个原因：

1. 一致性：一组普遍认可的投资理念保证了理解金融市场运行的一致性（例如，短期内价格有动量效应，但长期呈现出均值回归特征），从而为策略制定和执行形成全面、综合的背景。

2. 相关性：普遍认可的投资理念应当与投资机构的使命联系在一起。例如，以下哪一项对机构的受益人 / 所有者更重要：是长期的资产损失还是短期的资产价值波动？

3. 注重长期投资：投资策略的两大重要问题是：①长期来看，是什么创造了投资价值？②当前的投资相较于明确的估值标准是被高估还是低估？普遍认可的投资理念为解决这些问题提供了重要指导。

① Ibid.

4. 行为偏差：大量文献研究表明，投资者存在行为偏差，机构投资者也未能幸免。在金融市场剧烈波动时，普遍认可的投资理念能使得我们避免自然的短期行为倾向。

5. 委托—代理问题：每一个投资过程都有与之联系的“价值链”。“价值链”的一端是资产所有者 / 受益人，而另一端是专业投资人士。清晰的投资理念能确保策略制定与执行都是为了满足所有者 / 受益人的需求，而不是专业投资人士的需求。

6. 沟通：在投资机构既定的使命下，普遍认可的投资理念能够解释为什么选择某一项投资策略是恰当的。例如，如果环境、社会与治理（ESG）因素被认为是驱动长期价值创造的重要因素，自然而然地，它们就会融合到投资策略决策和实施的过程中，而不是被单独处理。

《指南》中的案例研究为普遍认可的投资理念如何应对这六大挑战提供了切实的例子，值得阅读。当然，投资理念也是本书前四章所探讨的核心主题。

风险偏好说明

《指南》包括了制定风险偏好说明的原理与实践案例研究。构建组织的风险识别矩阵是个良好的开端。矩阵将机构面临的十种风险归到资产风险、组织风险、相关利益者 / 环境风险等风险类别中。详见表 22.1。

表 22.1　　风险识别矩阵

资产风险	组织风险	相关利益者 / 环境风险
减值损失	操作风险	同行比较
估值	战略 / 受托风险	法律监管
融资 / 流动性	声誉风险	客户 / 受益人 / 出资人
交易对手 / 担保物		

现在来讨论如下问题：机构对于承担上述十类风险中任一风险的偏好如何。回答这一问题对于任何一家投资机构的理事会和管理层来说都具有启发作用。如表 22.2 所示，《指南》提供了风险偏好矩阵来解决这一问题。你会把要进行管理的十类风险中的每一项放到风险偏好矩阵中的什么位置呢？

表 22.2　　　　　　　　风险偏好矩阵

		意愿	
		低	高
能力	低	简单，保守	需要降低意愿且 / 或增强能力
	高	复杂，保守	复杂，激进

在《指南》中，有一个风险维度没有单独出现在这两个风险矩阵中：机构面临的风险和资产最终拥有者 / 受益人 / 客户面临的风险需要有明确的区分。尽管这一区别在一些情形下不重要，但在其他情形下并非如此。例如养老金，在前面的章节已经提到，年轻工作者与养老金领取者面临的风险就截然不同。对于年轻工作者来说，最大的风险是他们丧失复利所带来的长期高额回报；而对养老金领取者来说，最大的风险在于基金不足以支付他们下个月的退休金。养老金管理机构的风险偏好说明应强调这一差异。

基准制定过程

《指南》所提供的详细基准制定过程，与第 13 章提及的方法是一致的。这里重要的一点在于要区分基准策略制定和实施决策。

1. 基准策略制定：绝对收益目标、风险调整的收益目标以及反映机构（或所有者 / 受益者 / 客户）风险容忍度的简单参考组合，在衡量对比投资策略预期与真实结果中都发挥了一定的作用。

2. 基准实施：这里的重点是制定一个更为完善的、低成本的、被动策略实施基准来聚焦于长期投资。举例来看，《指南》展示了如何基于诸如资产收益率（ROA）、投入资本回报率（ROIC）和自由现金流（FCF）利润率等筛选指标，结合对治理质量、社会和环境等非财务指标考量，来构建一个股票参考组合。关于这方面的更细致讨论参见下一章。

第 13 章提到，CEM 基准公司的“成本和风险收益”基准服务反映了基准策略及其执行之间的差别，并为全球资产管理机构广泛使用。它的数据库已经成为对基准制定过程进行测试和创新的宝贵研究工具。例如，有研究发现，某些战略实施方法相较于其他方法具有更高的性价比[①]。

评估与激励

《指南》中的评估与激励部分有两大议题，并与第 15 章遥相呼应。最明显的一个（主题）是评估期限的长短，重要的一点在于强调对 4 ~ 5 年期的评估要优于 1 年期的评估。因此，实施长期投资项目，无论是绩效评估，还是薪酬体系设计，4 ~ 5 年都是比较合理的时间框架。

另一个重要议题是有效的评估和激励体系都应该有一个重要的定性维度。在投资组合层面，这意味着要检验机构的投资理念、投资策略以及如何实施之间是否保持一致性。因此，如果投资机构认为高度可持续性的公司是良好的长期投资标的，那么它的投资组合是否真的反映了这一理念？在个人层面，如果投资机构认为，诸如沟通能力、

① 例如，Dyck and Pomorski（2011），“Is Bigger Better? Size and Performance in Pension Fund Management”，SSRN。

说服力、合作能力等个人技巧和行为是组织获得成功的重要维度，那么这些因素应该反映在这些人的评估结果和薪酬中。在下一章我们将就其进行更多讨论。

投资指引

《指南》的这一部分将上面的各个部分综合到一起，并用一系列实际的例子进行说明。它指出，有以下三个原则对投资指引构建进行指导：

1. 投资理念和利益保持一致，并贯穿整个投资链。

2. 在长期投资项目中，不断修正经常出现的行为偏差。

3. 采用清晰的评估体系（定性定量相结合）来评价长期投资的成败。

牢记这三条原则，有效的投资指引说明了：投资目标、指导投资过程的基本投资理念和风险偏好、实际投资过程（例如筛选标准、参与治理的监测指标、卖出的触发信号等）、需要遵循的指导准则（例如投资组合集中度、换手率）以及需要持续关注的重要变量（例如基准、投资期限、费用 / 激励结构等）。

从知到行

第 27 章将要讲的是气候变化风险。但多年来，人们对这一议题一直缺乏紧迫感。研究显示，当我们考虑面临问题的重要性时，常常表现出一种很强的“与我无关”的偏见。具体来说，对于那些我们一生都不会发生的事情，大多数人会用高折现率来计算它的影响。在对成人的调查中发现年龄与认为解决气候变化问题的紧迫性呈现显著的负向关系，也就不足为奇了。

这种类似的现象同样出现在资产管理机构，机构在面对短期选美比赛和长期的价值创造的挑战中摇摆不定。指南的作者提到了法律专家艾德·威泽（Ed.Waitzer）及其合作者的文章。文中指出，“法律轨迹”已发展至关键点，在此我们可以“理性地预期”（资产管理机构）在履行受托责任时会考虑代际公平[①]。第 11 章认为，对于养老金理事会直接的启示是它们肩负着将长期投资从口号落实到行动上的责任。

让我们继续这一使命。

---

① 指南引用了这篇文章。Hawley，Johnson and Waitzer（2011），“Reclaiming Fiduciary Duty Balance”，Rotman International Journal of Pension Management，Fall。

第 23 章

长期投资 2：如何评价业绩？

只有能被衡量的，才能被管理。

——彼得·德鲁克

长期投资：衡量业绩

在前面两章提到聚焦资本的长期表现（FCLT）并非意味着这是唯一的动议。与经济合作与发展组织（OECD）和世界经济论坛一样，联合国也希望更加强调长期投资。正如第 21 章报告的调查结果所示，很多养老金机构自身也在向这个方向转变。

这种趋势提出了一个重要的治理问题。解读彼得·德鲁克的名言："如果我们将管理长期投资项目，那么我们将如何衡量业绩？"简单的回答应该是"基于长期视角进行评估"。说它简单是因为理事会无法等上 10 ~ 20 年的时间来评估他们机构的长期投资项目表现如何。理事会应该在持续 10 ~ 20 年的时间里坚持合理的进展标志。这种标志应该是什么样的？这是本章要回答的问题。

合理的进展标志

我们到底需要度量什么的业绩？什么是长期投资？凯恩斯认为长期投资是将储蓄转化成产生财富的资本同时给予投资者回报的参

与过程。长期投资不是以牺牲其他交易者利益而获取资本利得为目的、在资本市场上进行证券交易的投资行为（凯恩斯将这种投资行为称作“选美比赛”式投资）。但是这些选美比赛交易策略的成败恰恰是目前大多数投资业绩衡量体系“量身定制”衡量的对象。再次回顾德鲁克的名言——“只有能被衡量的，才能被管理”。如果我们衡量的是错的事情，那么我们将管理的也是错的事情。

因此我们如何要摆脱以短期交易为中心的业绩衡量，在更长期的时间框架下对为受益人进行价值创造的成败进行衡量？对这个问题的回答必须要避免过分聚焦于短期回报，而应更加关注投资产生收益流的规模、质量和增长，应更加关注产生投资收益的被投资机构的治理和管理效率。在这样的重新定位下，对于理事会来说，合理的做法是要求提供有关投资收益情况与被投资机构健康和效率状况的定期进展报告。

评估被投资机构的健康和效率状况

我们该如何监督产生投资收益的这些被投资机构的健康和效率状况呢？第 12 章通过描述综合报告（Integrated Reporting，简称 IR）行动为这个问题提供了部分答案。这项行动推动了对“实质性”公司信息进行基本的重定义。综合报告的四项核心概念分别是：

1. 从使命 / 愿景到商业模式：清晰表述，将组织的目标与投入转化为产出的过程联系起来。这种转化过程包括了评估机会和风险、战略和资源配置决策以及绩效评估。且上述的这些活动均在强有力的治理监督下完成。

2. 六种资本：仔细思考以下六种形式的资本对组织成功的相关性和重要性：财务资本、制造资本、智力资本、人力资本、社会资本和自然资本。这些资本都能够进行价值储存，是组织商业模式中潜在重要的投入要素，因此是评估组织长期可持续性和成功的潜在因素。

3. 产出：组织的商业活动和产出对内部和外部产生（积极或消极的）影响？内部影响的例子涉及雇员士气或组织声誉等。外部影响的例子涉及客户满意度或环境影响。

4. 价值创造：价值创造的含义超过了仅仅对组织财务绩效进行评估（例如，可能由未来现金流现值的变化量来衡量）。更广泛地来说，未来现金流和其他的价值概念依赖于对资本更宽泛的定义（例如竞争优势）和时间范围的扩展。

罗兰·伯格曼（Roland Burgman）和马克·凡·克里夫（Mark Van Clieaf）写的一篇文章为评估被投资企业健康和效率状况提供了更多的财务视角[①]。他们强调了诸如经济利润（Economic Profit，简称EP）和投入资本回报率（Return on Invested Capital，简称ROIC）等指标的重要性。经济利润刻画的是扣除资本成本后的企业盈利能力。投入资本回报率减去加权平均资本成本度量的是企业相对于公司资本的超额收益。他们指出，管理层的职责是通过持续创新，利用企业各种不同形式的资本，来实现长期经济利润增长和可持续超额投入资本回报率的最大化。他们也指出，如今许多高管薪酬机制并非由这些代表长期价值创造的财务或非财务指标所驱动。

迈克尔·莫布森（Michael Mauboussin）和阿尔弗洛德·拉帕波特（Alfred Rappaport）也涉足了类似的领域。他们提出：公司的价值创造是经风险调整的未来长期现金流现值的最大化过程[②]。作为一个实际问题，这意味着投资者需要监督三方面的事宜：

① Burgman and Van Clieaf（2012），“Total Shareholder Returns and Management Performance”，Rotman International Journal of Pension Management，Fall.

② Mauboussin and Rappaport（2015），“Transparent Corporate Objectives”，Journal of Applied Corporate Finance，July.

1. 治理目标：企业的治理目标是否清晰？

2. 配套措施：企业是否真的在做需要完成的事情来实现它的治理目标（例如产品质量、创新、客户满意度、雇员满意度、安全性等）？

3. 披露：企业是否采用综合报告框架来披露它做的事情与做事情的方式？

这里重要的一点是长期投资者较为了解他们所投资的企业。他们在进行初始投资时，对被投资企业有清晰的预期。他们有有效的工具能够对被投资企业的实际行为和结果，与他们的预期进行对比评估，如果有必要的话还能够参与到这些企业的董事会和管理层。亚力克斯·威尔登（Alex van der Velden）和奥托·布尔（Otto van Buul）撰写的一篇文章对这一长期投资的方法在实践中如何运用进行了说明[①]。投资机构的理事会应当定期收集关于长期投资和评估过程的信息，将其作为受托人的重要责任之一。

将产生投资收益作为绩效指标

对进行投资的机构来说，能够产生预料之中的投资收益流是长期投资项目取得成功的至关重要因素。由此可见，事实上是（否）真的能产生可预见的投资收益应该成为对这些投资项目进行绩效评估时需要重点关注的。为什么呢？因为配置到这些项目的资本必须是有耐心的资本。这些项目产生的投资收益可用于养老基金或捐赠基金的支付或者进行再投资。短期的资产价值下跌应该对此并无影响，除非它们反映出被投资企业未来产生投资收益能力发生了恶化。由于投资期限是长期的，健康的、持续增长的收益流最终会提升资产的价值。

① Van der Velden and van Buul（2012），“Really Investing for the Long Term：A Case Study”，Rotman International Journal of Pension Management，Spring.

因此，对投资收益产生过程的监督体系应该是怎么样的？据我所知，这个问题首先是在 1977 年由罗伯特·杰弗里（Robert Jeffrey）在发表于《投资组合管理期刊》（Journal of Portfolio Management）上的一篇名为《内部投资增长：更好的指标》的文章中提出。他在文章的副标题对此给出了解释："除非你处于清算模式，否则对于你的投资组合来说，重要的是盈利增长与分红，而不是市值大小"。杰弗里发现，投资收益变化相较于资产价值变化更具有可预见性，可能投资经理需要长时间密切跟踪预期投资收益和真实值的情况。然而令他奇怪的是，他发现"我们接触的投资经理中，没有人能够为这个问题提供令人满意的答复。"

杰弗里获得哈佛大学的 MBA 学位，是一家制造业企业的首席执行官，他自己设计了简单的投资收益的监测体系。由于杰弗里将他的业务资产变现，从而将他的制造业企业变为家族投资企业。他有强烈的个人动机这么去做。如今，40 年以后，杰弗里的体系（逐步改进并更新）持续为家族投资企业的董事会提供关于投资收益表现的宝贵信息。这些信息对于公司制定股利分红政策至关重要。这个监测体系的简单模型如表 23.1 所示。

表 23.1　投资收益的监测体系

业绩因素	监测指标
股息收入	真实的股息收入是否符合预期？如果不符合，原因是什么？回答这个问题需要追踪股利分配政策、真实股息变化、货币影响和资产组合变化等。展望未来，我们有怎样的预期？
利息收入	真实的利息收入是否符合预期？如果不符合，原因是什么？回答这个问题需要追踪收益率曲线的形状、债券组合久期、杠杆使用情况、货币影响和资产组合变化等。展望未来，我们有怎样的预期？
其他来源收入	（例如融券、卖空期权等）其他来源的真实收入是否符合预期？如果不符合，原因是什么？展望未来，我们有怎样的预期？

续表

业绩因素	监测指标
总体投资收益	真实的总体收益是否符合预期？如果不符合，偏差可以基于组成总体收益的各收益分项分析来解释。展望未来，我们有怎样的预期？我们是否仍在实现长期目标的正轨上？如果不是，我们的决策选项是什么？
分红	我们如何分配我们的投资收益？这是否符合我们的目标(例如，分红还是再投资)？应该如何与我们的投资人进行沟通？展望未来，预计我们的分红是否符合我们的分红目标？如果不是，我们的决策选项是什么？
现金流	我们的现金流是正的、为零还是负的？这是否符合我们的预期？如果不符合，原因是什么？展望未来，我们有怎样的预期？如果预计我们未来现金流为负，应该采取怎样的行动？

将这一投资收益的监测体系作为指南，公司能够在过去的40年间实现最初的长期投资目标：持续为家族受益人提供根据通胀调整、有增长的分红，同时保证企业资产能够在无限的未来继续为家族受益人提供分红。自成立以来，公司资产和每年支付给受益人分红的真实回报率都翻了一番。这一令人瞩目的结果要部分归因于公司在这40年的时间里如何定义并衡量成功[①]。

基金的整体收益仍然重要

本章的中心思想是长期投资者应该关心并真正理解他们所管理资产的投资收益业绩表现。这并不意味着他们应该忽视基金的整体收益，也就是包括资本价值变动的收益。关键点在于长期投资者应该理解将“马”（收入创造）放置于“马车”（资本价值）之前的重要性。他们应当认识到，最终是投资收益流的数量和质量驱动资本价值，而并非相反。这种认识使得长期投资者相对于短期选美竞赛式投资者有

① 我在杰弗里的公司担任董事会成员23年。

根本上的优势。甚至长期投资者仅仅是对他们买入和持有的投资收益流的数量、质量和价格做个正确估计，也仍不妨碍长期视角下（例如十年或更长）他们能够比大部分参与交易博弈的短线投资者获得更高的经风险调整后的净收益。越来越多的实际结果也证明了这一假设[①]。

长期投资正逐渐从理论走向实践，因此，我们必须仔细思考这一转变对绩效评估的启示。这意味着要将创收的“马”的角色从资本的“马车”分离开。我们必须衡量想要管理的东西。

① 杰弗里公司本身就是一个典型例子。也可以参考Ambachtsheer（2014），“The Case for Long-Termism”，Rotman International Journal of Pension Management，Fall以及Eccles，Ioannis and Serafeim（2012），“The Impact of Corporate Sustainability on Organizational Processes and Performance”，NBER working paper.

第 24 章

长期投资 3：会产生更好的结果吗?

在这项研究中，我们对在政策层面（融入可持续发展）的组织进行了组织和业绩层面启示的探究。我们总体的结论是，这样的组织代表了一种新的、不同的竞争方式。它们的主要特点是：除了财务绩效，更强调公司治理结构，考虑公司的环境和社会影响，采用长期方法最大化跨期利润，有积极的利益相关者管理过程，以及更先进的计量和报表系统……

——罗伯特·埃克尔斯（Robert Eccles）、扬尼斯·约安努（Ioannis Ioannou）和乔治·塞拉芬（George Serafeim）

更好的结果？

第 10 章和第 21 章报告了有关养老金治理质量和长期投资有效性的调查问卷研究结果。问卷结果显示：被调查的 81 家养老金管理机构中，有较多机构在有效组织管理和长期投资过程等方面仍需努力。值得欣喜的一个结论是治理质量和长期投资有效性之间呈正相关关系。尽管这些研究结论是显著的，但他们提出了一个重要的问题：有效的长期投资过程是否真的能在长期产生更好的结果？能够证明这一事实的证据越充足，就表明养老金机构及其利益相关者越需要积极努力工作来提高长期投资的质量。事实上，他们也有明确的受托责任这样做。

在我看来，近期罗伯特·埃克尔斯、扬尼斯·约安努和乔治·塞拉芬的一个名为“企业可持续性对组织过程与绩效的影响”的研究（在本章简称为企业可持续性研究）为这个问题提供了强有力的证据[①]。本章总结了企业可持续性研究的研究结论，并给出了它们对于养老金机构治理和投资策略的启示。结尾部分给出了关于联合利华集团的简要案例分析。

企业可持续性研究设计

企业可持续性研究设计的核心是构建一个能够刻画高可持续性（high-sustainability，简称 HS）公司或低可持续性（low-sustainability，简称 LS）公司特征的长期数据库。基于 1993 ~ 2010 年的详细数据，他们通过一系列统计程序构建了一组 90 家高可持续性公司和 90 家低可持续性公司的配对样本。企业可持续性研究将公司是否自 1993 年以来一直沿用一组连贯一致的可持续性政策作为其是否入选 90 家高可持续性公司的依据。那么，是什么使得这些政策保持连贯一致呢？正是由于这些公司广泛采用了长期利益相关者价值创造的模式，而不是传统的、狭隘的短期股价最大化的模式[②]。长期利益相关者价值创造模式的基本思想是：公司存在的目的不是为了短期“选美比赛”交易者的利益，而是为了他们的长期投资者、客户、雇员以及更大群体的利益。

企业可持续性研究认为这种长期利益相关者价值创造模式具备

① Eccles，Ioannis and Serafeim（2012），“The Impact of Corporate Sustainability on Organizational Processes and Performance”，NBER working paper.

② 出于对率先使用该术语的作者的尊重，企业可持续性研究在文中使用的是“Team Production Model”。我在这里将其改为“Long-term Stakeholder Value Creation Model”为的是让其与前几章使用的术语保持一致。

五个鲜明的特征。

1. 董事会有力推动采用长期利益相关者价值创造的模式，并确保在实际中执行。

2. 基于绩效的薪酬计划通过纳入一系列非财务绩效指标(如环境、社会与治理相关)，反映出可持续发展势在必行。

3. 利益相关者识别与参与过程被列为优先考虑的事项。

4. 长期投资的导向渗透于整个组织。

5. 强调对重大非财务信息的度量与披露。

他们发现，根据这 5 个非财务指标的标准，90 家高可持续性公司的得分要远高于 90 家低可持续性公司。这一结论不足为奇。

那么这两组公司分别的财务绩效如何呢？如果在财务绩效上有差异，预期差异有多大？企业可持续性研究认为结论是有利于高可持续性公司。为什么呢？因为他们相信公司“为善者诸事顺”。为什么呢？因为他们认为采用长期利益相关者价值创造的模式能够降低代理成本，为包含股东在内的所有利益相关方带来好处。与此同时，广义的价值创造模式将更容易静悄悄地发现更长期的组织层面的风险。

实证结果是否能支持他们的预期呢？是的，它们从两个不同方面进行了论证：

1. 会计业绩：在 1993 ~ 2010 年期间，高可持续性公司在资产回报率和权益回报率两个指标上的表现都要好于低可持续性公司。根据市值加权平均计算，如果在 1993 年投资 1 美元到高可持续性公司的资产上，则 2010 年将变为 7.10 美元（而与之相比较，投资低可持续性公司，资产只能变为 4.40 美元）。如果在 1993 年投资 1 美元到高可持续性公司的股权，则 2010 年将变为 31.70 美元（投资低可持续性公司权益，只能变为 25.70 美元）。

2. 市场表现：如果将1美元投资市值加权的高可持续性公司组合，在这18年时间里将增长至22.60美元（如果投资低可持续性公司组合，这个数值仅为14.30美元）。这意味着高可持续性公司平均年化收益率比低可持续性公司高4.8%，同时波动率要低于低可持续性公司20%。显然，相较于低可持续性公司，市场大大低估了高可持续性公司为其股东创造价值的能力[①]。

这些研究结论对养老金机构的启示不容小觑。主要的三大启示：

1.“为善者诸事顺”在我们看来，对于企业和养老金机构同样重要。德鲁克将其称为“做正确的事，而不是正确地做事”。这是第11章关于受托责任的核心主题。

2. 来自公司董事会层面的领导在选择和实施广泛利益相关者价值最大化模式中至关重要。这对于企业和养老金机构也同样重要。

3. 如果执行得当合理，长期投资本质上就是价值创造。这为养老金机构真正采取并有效实施长期投资提供了直接动力[②]。

现在我们讨论关于联合利华集团的案例，来清晰阐述这些关键点。

»» 联合利华案例分析

联合利华是全球消费品公司，目前在全世界范围内拥有17.4万名员工，销售收入达560亿美元。在明日价值排名（Tomorrow’s Value Rating）和环球调查（Global Scan）对全球企业可持续性的排名中，联合利华位居榜首。因此在企业可持续性研究的研究框架下，它也是最大的高可持续性公司。在会计业绩上，联合利华的资产回报率

---

① 量化分析师称其为“低波动率”效应，主要源于对高波动率股票的盈利增长有系统性的高估。

② 参见先前引用的文章“The Case for Long-Termism”了解更多这一观点。

和权益回报率分别为10%和34%，这与企业可持续性研究的研究结论相一致。联合利华15年间股票年化收益率达到9.1%，而同期标普500指数年化收益率为5%，与此同时，该股票的 β 值也相对较低，仅为0.73。

最近联合利华的首席执行官保罗·波尔曼（Paul Polman）接受了《罗特曼管理期刊》（*Rotman Management*）的采访。下面是采访中的四大要点：

1. 关于全球视野："我们在190个国家进行运营管理，供应链能够确保服务到每天使用我们产品的20亿人口……这些产品是我们参与治理食品安全、气候变化、水资源短缺、社会不稳定等重大问题的主要工具。"

2. 关于联合利华的可持续发展蓝图："2010年我们实施了可持续生活计划……制定了三大主要目标：①提高全世界人民的健康和幸福水平；②将对环境的不利影响减少50%；③在全球范围内改善人民的生活水平"。这引出了在诸多领域更明确的承诺，包括：健康和卫生、营养、水资源利用、废弃物和包装、可持续采购、公平的工作环境、女性机遇等方面。"

3. 关于剩下的最大障碍："全球领导力是其中一个……许多事项需要进行超越公司能够实现范围的变革……政府有一段内化全球挑战的艰难时期……而企业能更好地构建全球化、长期框架来应对。另一个重要挑战是会计记账……除了财务成果，我们还需考虑环境和社会因素。第三个拖慢我们脚步的因素是持续的短期业绩压力……为此我们取消了季度业绩报告。"

4. 联合利华的哪个项目最能激发企业积极改变世界的潜力："我认为是我们整体的商业模式。据我所知，没有一家像我们这么大规模的公司能够做出全方位的承诺。它们几乎涉及了我们商业模式的方方面面。”[①]

保罗·波尔曼也是世界可持续发展工商理事会（World Business Council for Sustainable Development）主席、联合国全球契约组织（UN Global Compact）和全球消费者食品论坛（Global Consumer Foods Forum）理事会成员。

对于养老金机构的启示

在我看来，企业可持续性研究和联合利华案例对养老金机构的理事会最大的启示，就是要持续地采用广义的、宽泛的相关利益者价值创造模式来指导他们的投资项目以及机构自身的目标和策略。这样的选择释放了明确的信号：拒绝仅仅着眼于某些特定群体特殊利益的狭隘商业模式，而无论这些特定群体是公司层面的“选美比赛”投资者，还是养老金层面的养老金领取者、年长的工作者、年轻的工作者、未来的工作者以及他们对应的雇主。鉴于长期利益相关者价值创造模式先前的优秀业绩，明确采用这一模式与第11章提出的“合理的预期”这一受托责任的要义相一致。

养老金机构采用长期利益相关者价值创造模式也有一些更多具体的含义，主要有五个方面：

1. 养老金计划设计：第7章、第8章、第9章具体地探讨过这一议题。养老金计划的设计要与简单、公平、可持续性和高效等原则保持一致。先前关于“待遇确定型还是缴费确定型”的争论是不正常的，应永远被摈弃。

2. 与利益相关者的沟通：这里一个不错的切入问题是“谁是我们的利益相关者？”第二个好问题是“我们计划采用单边还是双边的沟

① Rotman Management，Winter 2015。采访者是Karen Christensen，经授权使用。

通方式？”第三个问题是“我们希望与他们沟通什么问题，得到关于什么的反馈？”

3. 理事会的有效性：第 10 章中，基于调查问卷的研究指出了养老金机构的一个挑战，具体来说，就是理事会成员的遴选过程。虽然代表制度的确彰显了合法性，但这是不够的。理事会也必须具备一个有效监督主体所需要的技能和经验。具体来说，它们必须明白采用长期利益相关者价值创造模式的重要性，并且有能力监督该模式的贯彻执行。

4. 组织设计和投资理念：养老金机构是否能够有能力在管理职能上创造成本收益？是否能够在投资职能上创造风险和成本收益？机构关于这些问题的理念是基于什么？它们是合理的理念吗？例如，它们是否反映了企业可持续性研究的结论？是否在我们的投资理念和组织设计之间有清晰的联系？我们的激励薪酬是否与目标相一致？

5. 合作策略：保罗·波尔曼认为，在企业层面，单一组织能为利益相关者创造价值所做的工作是有限的，从而需要采取集体行动策略。在养老金行业背景下，如果现行法律法规阻碍了价值创造，集体行动策略可能意味着要去联手改变它们，或者它要求采取集体行动策略去引导被投资企业采用相关利益者价值创造模式。这给养老金机构的启示是不仅要将内部组织设计作为重要的治理事项，外部多个组织合作的机制设计也一样重要。

企业可持续性研究结论认为，这五个步骤将显著增强养老金机构投资项目和管理项目进行价值创造的潜力。您所在的理事会准备好应对挑战了吗？

第 25 章

阿尔法和贝塔是废话吗?

只有很少一部分经济学著作，在理论和实践上承认，由一个先验假设推导产生的经济规律，具有严密性和有效性，与任何人类行为无关。但只有极少数经济学家做到了这一点，大多数人乐于阐述他们发现的任何一个有意义的定理……

——保罗·萨缪尔森（Paul Samuelson），诺贝尔奖得主

操作上有意义的定理

浏览投资“科学”领域的文章和论文时，保罗·萨缪尔森对经济学界极具讽刺的评论有时会浮现在脑海。很显然，我们不再只是关注阿尔法（α）和贝塔（β）[①] 投资领域专家现在认为贝塔可以是“明智的”“奇异的”“动态的”，是的，甚至是“科学的”！想来，是把这些贝塔类型与那些笨拙的、朴实的、静态的以及基于信仰的类型进行了区分。我们该如何看待这种科学投资的爆发呢？它正产生操作上有意义的定理和指南，以打造更明智的投资方针吗？以做出更明智的投资与风险管理决策？这些是本章要回答的问题。

首先，我非常简短地回顾了 20 世纪 70 年代自己从事阿尔法－贝塔研究的经历，很快我意识到，从宏观和微观层面理解人类行为对

① β是一种风险指数，用于衡量单个证券或证券组合相对于总体市场的波动性，α是超额收益，是单个证券或证券组合的绝对回报与按β系数计算的预期风险回报之间的差额。

于操作上有意义定理的构建和实施起关键作用。由此本章过渡到我目前的一些认识：对于构建和实施 21 世纪退休收入体系而言，那些有用的定理究竟是什么样子。本章以评估收尾：当前的科学投资模式，是否能以及怎样来增加可能性，使得现实生活中的人们能通过可承担的缴费率，真正实现退休后的养老金给付目标。

应用和发展投资组合理论

1969 年我投身于投资领域的第一份工作，是弄清投资组合理论是否能够以及怎样有效应用于投资组合管理实践。大约十年后，在《金融分析师期刊》的两篇独立文章中，我对此做了肯定的回答。如果认真关注宏观层面资本市场动态定价机制、微观层面证券分析和组合再平衡过程中的人类行为，它确实可以被有效运用。

在宏观层面，突破性进展是激励了才学之士去辨别当时社会政治经济条件下产生的可能有前景的资本市场“故事”。在微观层面，突破性进展是在导入组合优化模型之前，可根据信息内容和交易成本调整初始的超额收益（即阿尔法）预测。这两篇文章勉强算是“告别”文章。20 世纪 80 年代开始，我将职业兴趣转向了养老金制度设计与管理[①]。

将德鲁克“看不见的革命”变得可见

阅读彼得·德鲁克 1976 年出版的《看不见的革命》是一个重要的转折点。之前的章节指出，他提出了事关养老金体系未来发展的一

① 两篇载于《金融分析师期刊》的文章是《美国股票价格和利率：一个3-5年的观点》（1977年）和《主动投资能增加价值么？》（与吉姆·法雷尔，1979年）。

系列根本性问题，这些问题当时还没有答案：

✧ 管理快速增长的退休储蓄资金池是为了谁的利益？

✧ 哪些主体、如何来承担养老金体系与生俱来的固有风险（例如投资风险、通胀风险、长寿风险）？

✧ 哪类机构最具能力可以将退休储蓄转换为对商品和服务未来的索取权？什么是养老金机构成功的关键驱动因素？

40 年后的今天，本书对这些问题不断涌现的答案进行整理：

✧ 参与养老金计划的成员获得的经济利益，仍然不如他们应该获得的和可能获得的那么显著。各种各样的代理成本（例如管理不善、投资政策误导、投资管理费用高企）持续体现在费用支出项中。这些代理成本问题正逐渐为人们所认知和解决。

✧ 20 世纪 80 年代和 90 年代高额的投资回报造成了错觉，以为预先积累的养老金体系、60% 股票 +40% 债券的资产组合是全天候、低风险、低成本的方案。

✧ 通过梳理计划参与人老龄化、收益波动率高、平均回报收益低等问题，2000 年之后的这段时期为我们提供了截然不同的经验。不完整、不正常的养老金合同把双赢模式变成了一赢一输的模式，导致了传统待遇确定型和缴费确定型计划的死亡，推动了混合型的期望确定型 / 目标福利确定型养老金计划的诞生。

✧ 人们日益认识到，可持续的期望确定型 / 目标福利确定型计划为回报追求和支付安全提供不同的工具，参与该计划的成员可以随着年龄的增长，将他们大部分的退休储蓄由回报追求的工具向支付安全工具转移。

✧ 回报追求和支付安全这两类工具，运作起来的时间期限根本不同，需要从本质上重新定义风险和风险管理。对年轻员工而言，主要风险是他们能负担的缴费率不足，30 或 40 年之后他们停止工作时，生活水平难以维持。因此他们的首要风险是退休储蓄的长期回报太低。对退休人员而言，主要风险是下个月的养老金将无法到账。因此，于他们而言，首要风险是原计划破产。

✧ 最具能力来管理期望确定型 / 目标福利确定型养老金计划、且不存在利益冲突的机构，应具备非商业的特征，治理良好，管理规范，拥有必要的技术与规模，能经济有效地管理期望确定型养老金计划的所有关键部分。

上述这些关于 21 世纪养老金机构投资功能的答案，其影响究竟如何，值得更细致地探索。

回报追求型和支付安全型投资计划的关键特征

第 19 章明确指出，任何长期回报追求的投资计划，成功的关键在于获得一个多元化的健康（但不是确保）现金流组合，并且数十年地维持和壮大这些现金流。例如，分红率稳定为 4%，增长率为 3%，分红 100% 再投资，那么 100 美元每年收益 4 美元的资金池，20 年后将会成长为 400 美元，每年收益 16 美元。与此相反，100 美元固定利率 2% 的 AAA 级主权债券，20 年后只能成长到 150 美元，每年收益 3 美元。当然，差别在于，2% 的债券其本金和收益有保证，4% 有风险的成长型投资则不能保证本金和收益。

因此回报追求型投资计划长期的成功关键在于：理解现金流不确定的原因，识别那些现金流存在的风险，并尽可能地分散风险。重要的是，运用于金融领域的海森堡不确定性原理（the Heisenberg

Uncertainty Principle）精神在此发挥作用：具有财富创造思维的长期投资者，能通过有效参与产生上述现金流的被投资单位的董事会和管理层来积极影响投资结果。这种正向的双赢互动是资本主义可持续的核心。

与此相反，有效的支付安全型计划需要复合型的专业人士，既谙熟全球固定收益和衍生品市场，又掌握强大的数学和复杂的资产负债建模技能。他们重点关注随着时间变化，安全支付计划资产负债表的偿付能力。有效的养老金机构还拥有一个专门的团队，负责根据参与年龄、偏好以及两种投资工具随时间推移的相对风险 / 回报前景变化等综合情况，管理计划参与人在两类投资工具中的头寸。同样重要的是，对于回报追求型和安全支付型投资计划，无论是对单个计划成员还是不同的团体客户，该服务团队已认真思考过如何设计并与客户沟通业绩衡量指标。

这是 21 世纪养老金范式的精髓。

科学投资模式的精髓

在此背景下，科学投资模式有哪些方面适用呢？就我所知，对此最通俗易懂、清晰连贯的描述来自 AQR 公司的克利夫·阿斯尼斯（Cliff Asness）、安蒂·伊尔门内（Antti Ilmanen）以及他们多位联合作者的著作[①]。以下是我对这个问题的理解：

- 最佳状态下，科学投资模式提供金融市场参与者随时间推移的行为轨迹以及这些行为如何影响金融市场定价的动态量化轨迹。
- 因此该模式确认，比如，随着时间流逝，存在正的（但可变的）

① 参见伊门内尔撰写、阿斯尼斯作序的《预期收益：获取市场回报的投资者指南》一书，威利（Wiley）出版社2011年版。

股票风险溢价，它合理补偿了风险厌恶型投资者所承担的重大收益波动，特别是在一个较短投资期内承担的波动。

✧ 股票市场存在的另一个正的（但也是可变的）回报溢价，与公司所呈现的价值、规模以及（或者）防御特征相关。假设投资者系统性地对大型成长企业的盈利前景过分乐观，而系统性地规避持有小一些、枯燥乏味、缺乏亮点企业股票的话，这类溢价也有行为学上的依据。

✧ 愿意在债券市场和货币市场开展期限利差套利（例如借短还长）的投资者，可以获得另外一种回报溢价。因为大多数时候期限溢价是正的，“套息”投资者绝大部分时间会赚钱。

✧ 还有一种系统性的回报溢价与金融市场的价格动量持续性有关。只要投资者普遍对新的正面或负面信息做出反应，并呈现出羊群跟随趋势的本能，此类溢价就会一直存在。

✧ 如果把风险定义为短期总收益波动率，按上述不同的回报溢价因子多样化投资，可以显著降低投资风险。例如，伊尔门内的研究就显示，如果将典型的资产类别多样化策略调整为因子多样化策略，收益波动性将减少一半以上（从 11% 降低到 5%）。为什么呢？因为已被识别的各类回报溢价因子之间大多不存在相关性，与股票市场走向也无关。只要投资者对这些因子的存在表示怀疑，拒绝卖空和杠杆操作，遵循羊群本能，用凯恩斯的话说“以常规的方式失败，也不愿以创新的方式成功”，这种历史的风险 / 回报关系也将持续下去。

上述科学投资模式能够多好（或多么糟糕）地适用于此前勾勒的 21 世纪养老金范式呢？我认为，某些部分能从逻辑上有机结合，其他部分并不适用。

适用与不适用的地方

科学投资模式源于传统的投资理论假设，即在一个有风险的投资池子中，所有参与者都将风险定义为短期收益的波动率，他们对波动率无法容忍的程度都相同。21 世纪养老金范式在很多方面对该假设的正确性提出了质疑。例如，短期收益波动的风险实质上就与年轻的养老金计划参与者无关。他们的首要风险是目前以及今后他们可承担的养老金缴费，不足以维持 30 年到 40 年后的退休生活标准。因此，他们最佳的投资策略是获取和维持一个有健康、成长现金流（比如股息、利息、通道费）的多元化组合。市场如何周复一周、月复一月，甚至年复一年地利用这些现金流并不重要，积极地确保这些现金流随时间变化而保持健康才是一件大事（也就是海森堡的不确定性原理精神在金融实践上的应用）。

期待支付安全的退休人员更感兴趣于按月获取养老金支票，而不是在收益预期与收益波动之间获取最优平衡。因此，在养老金范式的双目标 - 双工具框架下，科学投资模式的相关性并不明显[①]。

话虽如此，任何在基础民生收益之上能有增量收益的机会，关乎养老金机构的回报追求和支付安全投资计划的，我们都不应该忽视。需要测试的是，这些增量策略是否会以某一重大的方式影响或阻碍民生投资计划的执行。例如，将追求回报组合倾斜于分红派息类公司，这类公司的定价可能很有吸引力，因为他们并不在激动人心的业务领域，（或者）只有有限的成长前景，这看起来像是两种模式的逻辑结合。运用支付安全计划中资产负债表上的一些风险资本来实现

① 传统组合理论所遗漏的是年轻人对于不能产生足够长期回报的长期结果的风险厌恶，因为这意味由于长期复利效应的缺乏，他们退休时将无法拥有足够的退休储蓄。在这一风险框架下，20年（或以上）的期限，较低收查债券组合（比如2%的年化收益率）很有可能比较高收益的股票组合（比如4%的年化收益率）有更大的风险。

有吸引力的套息策略，可能是基于风险控制获取额外收益的另一种方式。

阿尔法和贝塔是废话吗？

20世纪70年代，阿尔法和贝塔是令人兴奋的概念，是一种新颖、更结构化投资思考方式的标志。但随着时间变化，能抓住不同时期关键问题和挑战的投资模式也在改变。秉承这一精神，保罗·萨缪尔森坚持我们用易于理解的方式讨论和撰写操作上有意义的定理，是正确的。在机构投资的世界，今天的关键问题在于为现实生活在老龄化、低增长世界的人们提供可持续的财富创造与退休后收入安全保障。阿尔法和贝塔是否是有用的概念的有用程度，取决于它们能在多大程度上帮助取得这些成果。

第 26 章

风险管理的重新审视

几乎没有人真正相信全球金融危机改写了现代组合理论。但可能需要一些修订……

——摘自共同基金（Commonfund）“2011 年论坛”议程[①]

现代组合理论需要修改吗，还是我们对它的运用需要调整？

关于现代组合理论的修订，没有什么比受邀在 600 人面前交流相关工作更能启发创造性思维了。本来是为此次交流准备的演讲要点，演变成了这一全面的章节。我对这个问题思考越多，越坚定地认为不是现代组合理论需要修改，而是我们对它的理解和应用需要调整。这是此处我们要讨论的话题。

本章首先简要回顾了现代投资理论的基本观点。随后提出问题：考虑到全球金融危机以及危机给予我们风险与风险管理的教训，这些观点在今天是否还适用？这个问题的探究让我认识到，当前很多顶级养老金和捐赠基金的实践已越来越脱离现代投资理论的约束。本章将详细描述脱节情况，进而指出很多养老金和捐赠基金所需采取的三个步

① 译者注：Commonfund是成立于1971年，专门为基金会提供理财服务的非营利组织。它获得美国政府的特批，投资收益不上税，管理总额约为300亿美元的基金会资金，成立40年的平均收益为17%。这家非营利组织没有股东，其成员都是专业的理财师、金融专家，但只拿薪水，不分红。

骤，以便他们的投资实践能与现代组合理论经久不衰的原则重新结合。

现代组合理论的观点

哈里·马科维茨（Harry Markowitz）1952 年发表的文章《投资组合的选择》，开启了一波投资和金融理论的发展与创新潮，一直延续至今。他的基本观点是，给定一个投资范围，如果投资者能够确定他们对投资产品的风险 / 回报预期和风险容忍度，就能确定一个唯一的“最优”投资组合。这种全新的组合构建思维模式的一个关键要素，是认为不同投资品种之间的相互影响决定投资多元化效果。

其他学术思想领袖，如布莱克(Black)、莫顿(Merton)、夏普(Sharpe)、斯科尔斯(Scholes)、托宾(Tobin)和特雷诺(Treynor)，吸收了马科维茨的基本观点，从一系列重要维度对该理论进行了扩展。其中一项扩展是“分离定律”，将风险资产的马科维茨有效边界与无风险资产进行了结合。由此投资机会集合进一步拓展，使得激进型的投资者运用杠杆，风险更为厌恶的投资者则将他们的财富在有风险投资和安全投资选项之间进行分配。因此，最重要的资产组合决策被放入到了结构化的回报 / 风险决策框架中。

下一个拓展来自于这样的疑问：“如果所有投资者使用相同信息基于相同方式开展投资分析呢”？那么，最优风险资产组合成为市场组合，所有投资者持有这个组合的一部分，他们根据各自对投资风险的容忍度，卖出或买入无风险资产。这样就产生了有效市场假说(EMH)，它告诉我们绝大多数投资者最好被动持有市场组合与无风险资产的某种组合。其商业影响是绝大多数时间对于绝大多数投资者而言的，指数基金最具经济意义。第 3 章指出，价格发现机制可交给一个相对较小的投资专家群体，他们有能力平衡投资信息的边际成本和收益，并将其转化为投资决策。

现代投资组合理论最后一项重要推动工作，是将“选择权”的宽泛概念应用于投资和融资的正式框架。字典中将选择权定义为“只在最初选择确定后才能做出额外选择的潜力”。在投融资领域，这种潜在的选择权最著名的转化是各种类型期权的定义与定价。一个很好的风险管理实例是“领子期权”，它以放弃上升潜力为代价，使资产免受下行损失。这种期权给风险管理的工具箱，增加了一样有力的工具。

从理论到实践：现代组合理论有多大帮助？

现代组合理论的观点在现实世界中有多大帮助呢？帮助很大，只要我们客观看待这些观点：

1. 风险容忍度是现代组合理论框架及其现实应用的一个关键因素。我们一直以来的挑战，是将这个想法转化为组织结构中有意义且可操作的东西。通常，组织结构涉及多层内部和外部代理。养老基金和捐赠基金也是如此。在这些安排中，当前和未来的受益人很容易因为恐惧和欲望，迷失在包括供款人、理事会、投资理事会、首席投资官、咨询顾问及多层级投资经理的复杂世界中。

2. 回报 / 风险预期是现代组合理论框架及其实际应用的另一个关键因素。虽然一方面来看，有效市场假说背后的“相同预期”假设在现实中显然不成立，另一方面，针对什么是可预测的质疑仍旧在激烈地讨论中。具有讽刺意义的是，虽然有相当多的证据表明，很多养老金和捐赠基金投资的长期回报与风险前景在一定程度上是可以预测的，但当前大家仍旧认为历史才是未来最好的预测指标。第 19 章内容显示，那种依靠看后视镜得出回报 / 风险预期的投资决策引发了一长串的泡沫，2000 年前的网络泡沫和 2008 年前的金融杠杆泡沫就是最近的例证。

3. 理性人和理性决策是现代组合理论框架的第三个关键因素。没有这个假设，所有现代组合理论的明晰观点将会变得含糊不清，取而代之的是更加模糊的可能性。例如，资产泡沫引致过于乐观、泡沫破裂导致下意识恐慌反应的周期性驱动力，事后来看，都是代价高昂的错误。现实生活中的投资决策实际，常常不符合“理性人和理性决策”假设，我们应该将此归咎于现代组合理论吗？当然不应该。如果我们无法建立满足理性人和理性决策要求的治理和决策流程，那么责任在于我们自身，而非现代组合理论。这并不意味着现实中养老金和捐赠基金决策的各个复杂方面都必须照搬现代组合理论，只意味着基金应认真对待爱因斯坦（Einstein）的警句“让事情尽可能地简单，但不要太简单”。

如何在实践中应用爱因斯坦的名言呢？

尽可能简单，但不要太简单

想到三个重要的例子。第一个例子涉及现代组合理论在理解投资者风险容忍度以及在确立基金风险政策时如何落实该认知。把这放入养老或捐赠基金的背景下引起一些很有挑战性的问题，首先就是“谁有风险？”一系列同样具有挑战性的问题紧随其后：关于代际公平的、关于担保的、关于风险缓冲的、关于产权的、关于内嵌期权的、关于流动性要求的，诸如此类。据我了解，许多理事会和投资决策理事会已用“我们的负债是长期的，因此我们坚持长期投资，不用担心这些问题”这样的口头禅，巧妙地解决了此类难题。在我看来，持这种态度的理事会和投资决策理事会，已经不是“尽可能地简单”，而是“实在太简单了”。

第二个例子与实际情况下风险管理的简化有关。显然，我们无法将马克维茨的公式机械地应用于有着数以千计风险资产的投资世界。因此我们将它重新表述为更便于管理的问题，创建了资产类别（如国内股票、国外股票、新兴市场股票、私募股权、不动产、高收益债券、对冲基金等）和投资因子（如规模、市值、成长性、动量、波动性、流动性等）。然后我们通过设置上下限、委托投资给多个基金经理以进一步加强风险分散的方式划定可能的投资方案的界限。接着，问题来了，这种风险管理的简略方式对理论的简化是否合适？同样，我的观点是这种方法可能将基金置于了过于简单的境地（见第 24 章）。

第三个例子与机构能力和设计有关。确切地说，机构需要具备什么样的组织能力和架构，才能够明确地区分尽可能简单和过于简单。许多养老金和捐赠基金理事会一直对其管理关键因素所需的最低技能和经验估计不足。这些关键因素包括使命、风险承受能力、投资理念和投资政策随时间变化的动态实施。这个问题可能会将基金再次引入过于简单的区域。规模以及明智的内部管理与外包策略，是实现基金组织架构合理的重要因素（见第 16 章和第 17 章）。

逻辑上讲，这三个例子之后是给基金理事会准备的行动计划，以便他们应对没能尽可能好地为其受益人服务的现实。我们依次加以介绍。

哪些人面临风险

很多理事会如果坐下来认真思考下哪些人面临风险这个问题，对他们所在的机构将大有裨益。先前的章节提供了产生这一讨论的重要见解。例如，当我们被要求公平对待当代和未来人口，我们能够证明符合这种要求吗？这对于投资和支付政策意味着什么？简单的思考可知，这些问题并没有像人们常常以为的那么容易。考虑下文的事实。

捐赠者设立了一个 100 万美元的永续捐赠基金，目的是资助年度奖学金，一年后开始发放。但是，奖学金及其对应的美元价值现在就需公布。此外，捐赠者要求，捐赠基金的管理要做到代际公平。现在有两个投资选择：每年收益 2%、永续发放的无风险投资和预期年化收益 4%、回报标准差 10% 的风险投资。问题是：①捐赠基金受托人应该将每年发放的奖学金设定为多少美元？② 100 万美元如何开展投资？

简单的答案是年度奖学金的面值应设定为 2 万美元，100 万美元进行无风险投资。因为若将面值定为 4 万美元，100 万美元按照风险策略开展投资，实际上是将 2 万美元财富从未来的奖学金受益人转移到首批领取人。为什么涉及财富转移？因为首批领取人实际上是在 2% 无风险收益率的条件下，得到了 4% 回报的有效保障。难道实际风险投资回报高于或低于 4% 的可能各占一半吗？当然有机会，不过上行和下行的经济价值并不等同。确切地说，这个例子中看跌的平价期权价值为 5 万美金，而看涨的平价期权价值为 3 万美金。

是否存在一种方式，能提供每年 4 万美元的奖学金、按照风险策略投资 100 万美元并同时实现代际公平呢？是的，确实存在。这需要一个第三方的风险担保人。比如，最初的捐赠者可以扮演这个角色；通过非指定捐款能筹集足够资金的机构，也可以扮演这个角色；再或者是那些拥有未分配应急储备金的机构，应急储备金在捐赠基金中作为回报不足的对冲。这里的要点是，捐赠基金（或养老金计划）相互一致的支付和投资策略的制定，不应该基于某种过于简单的探索。此类决策应基于对风险如何承担、由谁承担的清晰理解。

我们的风险敞口是什么?

决定一个投资基金应该承担的最大风险是一回事，评价实际的风险敞口是另外一回事。现代组合理论提供了简化这一问题的指南。在它的表述中，每一项风险投资被定义为拥有两种类型的风险：市场（贝塔）风险和特定（阿尔法）风险。大部分的单项投资有很多特定风险和一定的市场风险。对于充分分散的组合，结论反过来也成立。这里新的实证基础不断被述及。市场风险概念繁荣，已发展为多个贝塔暴露因子，如成长性、价值、规模、久期、信用、流动性、通货膨胀、币种等。它也更多采用了综合资产负债表的视角，而不是仅仅关注资产端。这些边际改进都是有效的。

全球性金融危机给风险管理框架增加了一个重要的新维度。我们不仅需要考虑和管理已知风险，还需要考虑和管理那些不太为人所知和未知的风险，尤其是当他们有讨厌的尾巴风险时。至少对于那些规模较大、思想领先的养老基金和捐赠基金来说，理解这些风险以及风险的经济后果是新常态的一部分。与此相关的认识是，风险管理必须是一个动态而非静态的过程。更重要的是，它包含对冲方式和时机的理解，不仅要考虑正常风险对冲，还要考虑不太知道或未知尾部风险的对冲。

重要的战略建议与执行

结尾我将本章与先前关于组织能力与设计的章节联系在一起。如此之多的养老基金和捐赠基金无法将投资管理各部分整合在一起，原因在于它们持续高度依赖外包。外部机构并不是魔鬼，但他们大多数需要追逐自己的商业利益。这常常导致基金内部资源不足、外部管理昂贵。本书想要传达的一个重要信息，就是那些既有规模又治理良好的基金，比起其他规模小、治理差的基金更具备竞争优势。因为它们具备内部能力，能清楚地理解自身使命以及实现使命应采取的措施。虽然很多机构仍然在外包部分业务，但它们已成功地实现了风险管理等关键业务的内部管理。

小型基金没有内部管理的选项。但它们的确可以选择聘用具备规模效益、提供战略建议与执行综合服务的受托管理人。比起沿用“内部资源不足 / 外部管理昂贵”的模式，这种方式很有可能将更好地服务于受益人。

第 27 章

从未知到已知：气候变化风险管理

众所周知，存在已知的已知，存在已知的未知，但是也存在未知的未知。

——唐纳德·拉姆斯菲尔德（Donald Rumsfeld）（美国前国防部长）

消费、浪费和环境变化的速度不断对地球的承载能力发起挑战，我们不可持续的生活方式只能引发灾难……

——教皇方济各（Pope Francis）

对风险进行分类

尽管在表述上有些拗口，2002 年，唐纳德·拉姆斯菲尔德在伊拉克对大规模杀伤性武器（weapons of massive destructions，简称 WMDs）可能造成的危害的描述特别重要。并非所有的风险或未知都是相同的。真正危险的风险是未知的风险，或是纳西姆·塔勒布（Nassim Taleb）所称的“黑天鹅事件”。2008 ~ 2009 年全球金融危机至今在我们脑海中记忆犹新。本章我们提出了一个问题：气候变化到底属于未知还是已知的风险类别？教皇弗朗西斯近期在这个话题上的声明表明，目前它正在迅速地从未知风险变为已知风险。

精神分析学家指出，在拉姆斯菲尔德提及的三类风险之外，还存在第四类风险：“未知的已知风险”。这包括了我们了解现实但假装不知道的情形。在阅读美世（Mercer）的研究时，我们便想到了第四类风险——“在气候变化的时代进行投资”[①]。这项研究对于当前将气候变化风险作为已知的未知风险的投资者来说的确有用，它也有潜力影响那些一直将气候变化风险作为未知的已知风险的投资者（即假装这种风险不存在）。在我们看来，这项研究的结构和细节分析，使得合理的推诿越来越站不住脚。

这一章的目标是从未知的已知风险和已知的未知风险管理角度，来分享我从美世的研究中得到的启示。

风险与养老金管理

前面的章节对全球金融危机后的风险管理进行了回顾。在对投资组合和资本市场理论进行简要的回顾后，本章将介绍四个关键问题。

1. 清楚地知道自己管理的是谁的风险：在委托和代理的模式中，这是需要回答的一个重要问题。在养老金领域，应该聚焦于养老金计划利益相关方的风险，而不是投资经理风险。在利益相关方风险中，代际风险共担是一个尤其具有挑战性的方面。特别是，未来利益相关者的利益是否在目前的投资决策中公平地体现？

2. 明确区分“事前”和“事后”：假定过去总是未来的一个很好的指南，是思维懒惰的征兆。虽然未来有时与过去相似，但并不会重复过去。设想未来的可能性尽管困难，但却必要，是一件困难而必须的工作。

---

① 美世的研究报告，可通过在谷歌中输入标题内容“Investing in a Time of Climate Change”获得。

3. 投资期限很重要：多大的投资组合短期波动将产生重大影响，是一个需要解决的关键问题。那些回答“这些对我们不重要”的投资者能够聚焦于现金流和财富的长期增值，从而具备了重要的比较优势。

4. 良好的治理很重要：有效的养老金组织架构都有明确的投资理念，并坚持这一理念。这反过来又需要强大的治理流程来确保其在实践中可以有效实施。

第 11 章从受托责任方面提出了相同的重要问题，第 21 章也从长期投资项目实践方面提到了这些问题。

在 2015 年 6 月举办的罗特曼 ICPM 论坛中，哈佛商学院的维塞拉（Luis Viceira）分享了他关于投资期限对组合分散化收益影响的重要研究结论。他的研究表明，自 2008 ~ 2009 年全球经济危机以来，短期资产收益的相关性显著增加，而长期资产收益的相关性却没有。因为短期回报的相关性很大程度上由资本价值变动的相关性驱动，而长期回报的相关性却很大程度上由投资现金流变动的相关性决定（例如利息、股利和租金等的变动等）。没有证据表明这些现金流变化的相关性在上升。

美世的气候变化研究

对长期风险和短期风险做重要的区分是美世气候变化研究的一个很好的过渡路径。从本质上说，这项研究探讨 了目前化石燃料驱动型经济转向低碳排放型经济的可能性以及这种转变过程带来的投资风险和机会。为了回答这些问题，研究设想了从 2015 年到 2050 年可能的三个情形：

1. 转型：强有力的气候变化减缓措施使我们找到一条途径，将全球变暖进程限制为不高于 21 世纪工业化之前的温度 2℃[①]。

2. 协调：大量气候变化减缓措施将全球变暖进程限制为不高于 21 世纪工业化前温度 3℃。

3. 自生自灭：仅采取有限的气候减缓措施，缺少协调，导致温度升高 4℃或更多。研究中将这一情形进一步分为经济影响弱和经济影响强两个子情形。

基于上述情形，这一研究构建了一系列综合评估模型来反映气候科学、经济学、成本和缓解 / 适应策略之间可能合理的交互作用。基于这些过程，检测三方面的投资风险因素：

1. 技术：技术和低碳经济路径之间的相互影响。低碳技术发展的速度、规模以及成败，现有行业的转型或退出，新兴行业的发展，都是这一因素的关键指标。

2. 资源可获得性 / 影响：气候变化 对投资价值的影响。这些影响可能是长期的（例如，由温度的长期变化或降水造成）或是严重的（例如，由极端或灾难事件引起）。

3. 政策：制定国际层面、国家层面以及当地层面适用的措施（例如法律、规章、目标和指令等），可通过增加碳成本和激励低碳类替代品的使用等手段降低气候变化带来的风险。

然后这一结构被应用于评估对资产类别和行业部门随时间变化的不同情景下投资影响评估。研究发现，这些依赖于物质和场景。以下是主要结论的概要：

- 整体上看，预计气候变化对上市股票和私募股权长期收益略有不利影响。

① 2015年12月巴黎COP21气候变化会议的与会者同意通过符合各自国情的5年计划，将全球变暖控制在2℃以内，独立机构对计划落实情况进行同行评审。这是一个充满希望的协议，但仍有很多工作要做。

✧ 房地产、基础设施、新兴市场股票预计将从技术和政策等方面获益。

✧ 农业和木材的不同场景变动范围影响范围最大（例如，从转型带来的积极影响和任其自生自灭带来的消极影响）。

✧ 能源行业（特别是煤炭和石油）和公共事业（特别是电力）对政策因素和资源可获得性 / 影响因素等的敏感性为负。

✧ 可再生资源和核能源行业对政策和技术因素具有正敏感性。

在以下章节，该研究阐述了这些主要结论于投资实践的意义，可分为五个部分：

»» 因此怎么样？现在怎么办？

1. 气候风险是无法避免的，但充分准备可以提高投资收益。对未来的不确定性不应该成为行动的障碍。良好的治理结构的重要性恰在于此。它起源于纳入气候变化风险的现实投资理念。这项研究明确地指出了在资产类别和行业层面投资政策含义。

2. 明确谁在投资决策过程中对什么负责。需要制定一条清晰明确的责任线，从理事会贯穿整个投资链条。我们还需要确定如何进行风险预算分配、投资收益如何对标基准等。

3. 某些资产类别需要特别关注。研究指出，需特别关注房地产、基础设施、新兴市场股票、可再生资源、核能、农业、木材、能源和公共事业等行业。技术、资源、政策三要素的结构促使我们将注意力放在判断它们发生的可能性，并基于判断调整投资决策。

4. 与自生自灭情形相比，转型情形将对投资产生重大的积极影响。这意味着通过协作努力来实现转型可能产生巨大的回报。可以说，美世的研究结论认为，这种努力即意味着履行受托责任[①]。

5. 与大多数其他投资风险相比，气候风险更加复杂，时间周期更长。传统的经济和金融风险主要与通货膨胀、经济周期、利率水平等因素相关，一般用三到五年时间框架来进行分析。气候变化相关的更长期的风险（例如海平面上升、水资源稀缺、碳价格变化等）通常超过了三到五年的时间区间。在风险管理和降低分散化组合的风险方面，需要有意识地将短周期和长周期的时间框架连接起来。

这项研究认为，所有这些构成了被称之为“未来制造者”的人和组织的行动催化剂，也唤醒了被称之为“未来承担者”的人和组织。

重新审视风险管理

先前关于风险管理、美世气候变化研究以及它对风险管理的启示等的章节中，四个核心要点存在有趣和重要的交叉。举例如下：

1. 清楚地知道正在管理谁的风险：具体来说，必须聚焦于养老金计划利益相关者的风险，而非管理人的风险。美世研究列举了一个有说服力的案例，说明气候变化风险可以直接转化为养老金计划利益相关者的风险。更加微观的角度看，高碳排放投资中撤出的策略不需要道德辩护，因为“高风险/低回报的投资前景”是一个简单得多的理由。

2. 明确区分“事前”和“事后”的差别：我在过去三十多年进行投资回报预测中得到了一个明确的启示：过去并不是未来的良好指南，想象可能的未来是件困难但必须的工作。美世研究无疑是在思想上认识到这些现实后进行的，在此过程中花费了大量的时间和精力来

① 集体行动一个有力的新典范，是886位荷兰公民起诉荷兰政府应对气候变化行动不足的例子。他们提出一个新的标准，要求在5年内碳排放减少25%。法官支持原告的诉求。其他国家也在考虑类似的行动。另一个著名的集体行动目标是COP21，2015年12月巴黎的联合国气候变化会议。

假设情形、设计综合评价模型并识别相关的风险 / 回报因素。

3. 时间周期问题：那些可以忽视资产价值短期波动的投资者拥有一个重要的比较优势：他们能够重视现金流和财富的更长期地增长。这些投资者的最为重要的考虑因素是 ESG（环境、社会和治理）因素。美世研究为这方面的考虑提供了新的视角。

4. 良好治理问题：有效的养老金机构恪守清晰的投资理念，而这反过来需要强有力的治理过程。美世研究就这一事实举出了多个实例。例如，“因此怎么样 \ 现在怎么办”的部分提到，养老金机构的理事会和高级管理层，在将美世研究的结论转化为机构能力和行动方面具有重要职责。

总之，美世研究极大丰富了投资者关于气候变化对风险收益影响的认识。事情已经很清楚，对于那些气候变化否认者，那些似是而非地否认气候变化风险以及它对未来投资回报的潜在影响的人，将越来越站不住脚。

总　结

2007 年我出版的著作《养老金革命》以“战争召唤”结束，是为了完成彼得·德鲁克（Peter Drucker）在他 1976 年出版的富于远见的著作《看不见的革命》中首次提到的养老金革命。这本新书隐含的信息是，养老金革命永远不会完全结束。我们能实际盼望的最好情景是朝着正确的方向持续前进。

朝着正确的方向持续前进需要两个条件。第一，它需要完善的思路来指导养老金设计、治理和投资领域。本书的目的正是更新这些思路，反映这三个关键领域当前最优秀的思考和研究发现。第二，它需要数以万计投身于全球养老体系设计、治理和投资领域的各类人士坚定不移的引导。套用乔治·萧伯纳（George Bernard Shaw）的格言：这需要非凡的勇气和决心。

所有的进步取决于这些。